만나라
그러면
부자가 되리라

**MEET AND GROW RICH: How to Easily Create
and Operate Your Own "Mastermind"
Group for Health, Wealth, and More**

만나라
◈ 그러면 ◈
부자가 되리라

조 비테일, 빌 히블러 지음 | **박선주** 옮김

나비의 활주로

감사의 말

책은 결코 한 사람만의 노력으로 만들어지지 않는다. 전체 팀원이 참여해야 한다. 우리는 와일리*Wiley*의 맷 홀트와 팀원들인 케이트, 섀넌, 키이스에게 감사한다. 이 책의 각 장에 기여한 모두에게도 감사한다. 그들의 이름은 책 속에 있다. 그리고 우리의 파트너인 네리사 오든과 엘레나 히블러에게도 감사한다.

이 책을 현재 나의 마스터마인드 그룹 멤버들인 질리언과 팻, 크레이그, 신디, 네리사, 빌에게 바친다. 나의 지지자이자 친구요 파트너가 되어 준 것에 감사한다.

- 조 비테일

이 책을 휴스턴 그룹의 조 가비토와 맥스 슐즈버그, 로저 이고와 윔벌리 그룹(신디, 크레이그, 질리언, 조, 네리사, 팻)에 바치고 싶다.

- 빌 히블러

오늘날 이 혼란스러운 세상에서 어떻게 하면 성공할 수 있을까? 당신은 세상에 역행하고 있다는 느낌이 자주 들 것이다. 그러나 당신을 지지해 주는 팀이 있다면 어떨까? 당신에게 조언하고 당신을 격려하며 응원하는 사람들의 그룹이 있다면 말이다.

마스터마인드 그룹은 정서적 지원에서부터 재정 지원까지 모든 것에 효과적이라는 사실이 입증되었다. 앤드루 카네기*Andrew Carnegie*부터 데일 카네기*Dale Carnegie*에 이르기까지 역사 속 위대한 거물들이 마스터마인드를 활용했다.

마스터마인드는 단지 지원 그룹만은 아니다. 브레인스토밍 그룹만인 것도 아니다. 마스터마인드 그룹이 되기 위해서는 단 하나의 목적을 가져야 한다. 그 목적이 무엇일까? 그것을 어떻게 정할까? 소그룹 내 사람들을 어떻게 하면 그 목적에 동의하게 만들까?

몇몇 중요한 인물들은 자신들이 성공하는 데 있어 마스터마인드 그룹이 중요한 역할을 했다고 썼다. 마스터마인드 그룹이 『생각하라 그러면 부자가 되리라*Think and Grow Rich*』의 저자이며 전설적인 나폴레온 힐*Napoleon Hill*과 『영혼을 위한 닭고기 수프*Chicken*

Soup for the Soul』의 저자 잭 캔필드*Jack Canfield*의 책들에 언급된 것을 볼 수 있을 것이다. 전 세계의 강연장에서도 언급되는 것을 들을 것이다.

그러나 성공적으로 마스터마인드 그룹을 구성하고 운영하는 방법에 대한 언급은 좀처럼 보기 힘들다. 전체적인 개념이 많은 사람에게 마치 비밀 결사처럼 신비에 싸인 듯 보인다.

호기심 많은 한 사람이 저자들에게 물었다. "긴 가운을 입고 촛불을 들고서 의식을 행하나요?"

아, 그렇지 않다.

그리고 많은 사람이 '마스터마인드'라는 용어를 혼동한다. 이 단어는 특별히 똑똑하거나 유난히 악한 사람을 묘사할 때 종종 쓰인다. 새로운 영역을 개척한 사람이나 은행 강도를 마스터마인드라 부른다. 그러나 이때는 한 개인을 지칭하지, 집단은 아니다.

그렇다면 마스터마인드 그룹이란 무엇인가? 그리고 마스터마인드 그룹을 어떻게 만들 수 있는가?

이러한 질문들에 이 책이 답한다. 드디어 당신도 사는 곳이나 처지, 목표와 상관없이 당신의 마스터마인드 그룹을 만들고 운영할 수 있을 것이다. 책은 주로 재정적 성공을 위한 마스터마인드 그룹에 초점을 뒀지만 그 기법들은 신체 단련이나 취미, 육아, 모금, 연애, 영성 등 자기 계발을 추구하는 사람들이 어느 영역에 중심을 두든 활용될 수 있다.

책 제목을『만나라 그러면 부자가 되리라*Meet and Grow Rich*』로 정한 데는 한 가지 이유가 있다. 마스터마인드 그룹을 만들면 당신은 재정 영역에서뿐만 아니라 행복과 라이프스타일 영역에서도 부유해지는 데 도움이 된다. 마스터마인드 그룹이 제한받는 것은 오직 당신의 상상력과 그룹 내 사람들을 통해서만이다.

또한 열렬한 책 수집가이자 독서광인 조 비테일*Joe Vitale*이 1923년 발견한 책을 기념하기 위해서 책 제목을 이렇게 짓기도 했다. 그 책은『웃어라 그러면 부자가 되리라*Laugh and Grow Rich*』이다. 그 책은 마스터마인드와는 전혀 관련이 없지만, 실은 나폴레온 힐이『생각하라 그러면 부자가 되리라』의 제목에 대한 아이디어를 얻었을지도 모르는 책이다. 많은 저자가 1923년에 나온 그 책 제목에서 영감을 얻었다. 오늘날『출판하라 그러면 부자가 되리라』,『말하라 그러면 부자가 되리라』,『느껴라 그러면 부자가 되리라』 같은 제목의 책들을 많이 볼 수 있을 것이다.

요점은, 만나서 부자가 될 수 있다는 것이다. 그 방법을 알게 될 것이다.

이 책은 성공을 위한 네트워크를 만드는 방법을 단계별로 설명한 최초의 책이다.

준비되었는가?

그렇다면, 페이지를 넘겨라.

CONTENTS

PART 1
마스터마인드 그룹 만들기

PART 2
전문가들에게 듣는 마스터마인드 그룹의 모든 것

마스터마인드
그룹 만들기

마스터마인드 그룹이란
무엇인가?

"사려 깊고 헌신적인 시민들의 소그룹이 세상을 바꿀 수 있다는 사실을 결코 의심하지 마라. 정말이지 그것이 세상을 바꿀 유일한 방법이다."
- 마거릿 미드*Margaret Mead*

마스터마인드 그룹의 역사

마스터마인드는 인류 초기부터 있었다. 미합중국의 헌법 제정자들은 마스터마인드 그룹이었다. 예수와 그의 제자들도 마스터마인드 그룹이었다. 아더 왕과 원탁의 기사들도 마스터마인드 그룹이었고, 코치를 둔 작은 농구팀 연합도 마스터마인드 그룹이다. 스포츠에서부터 의학, 문학, 정치, 큰 비즈니스에 이르기까지 삶의 모든 영역에 마스터마인드 그룹이 존재한다.

그러나 마스터마인드의 의미에 대해 견해가 일치하는 사람들이 극히 적은 듯하다. 센터포인트*Centerpointe*의 회장이자 『뇌의 한계점*Thresholds of the Brain*』의 저자인 빌 해리스*Bill Harris*는 조 비테일에게 개인적으로 보낸 이메일에 이렇게 썼다.

"마스터마인드 그룹에 대한 나의 불만은, 자신들은 마스터마인드 그룹이라 하지만 실은 그게 아니라는 데 있다. 진짜 마스터마인드 그룹은 이사회나 경영팀 같이 동일한 목표를 가진 사람들의 집단이다. 각기 다른 사업체에 있는 사람들 한 무리가 서로 돕겠다고 모인 것은 마스터마인드 그룹이 아니다. (그들이 동일한 목표를 가지고 한 사업체를 만드는 것이 아닌 한 말일세.) 이 그룹들은 도움이 될 수 있고, 어쩌면 '공동 멘토링 그룹' 비슷하게 부를 수는 있겠지만, 그룹 내 모든 사람이 같은 결과를 마음에 품고 한 팀 안에 있는 진정한 마스터마인드 그룹은 아니다."

다시 말해 여러 사람이 만나서 아침이나 점심, 저녁 식사를 함께할 수 있지만 그 집단이 마스터마인드 그룹을 의미하지는 않는다. 그들은 단순히 지원 단체는 될 수 있는데, 이는 완전히 작동하는 마스터마인드 그룹의 한 양상일 뿐이다.

그렇다면 진정한 마스터마인드 그룹이란 무엇일까?

마스터마인드 그룹의 힘을 깨달은
나폴레온 힐과 앤드루 카네기

나폴레온 힐*Napoleon Hill*은 고전이 된 그의 저서 『성공의 법칙*The Law of Success*』에서 마스터마인드 그룹을 "공동의 확실한 목적을 위해 완벽한 조화를 이루며 적극적으로 함께 일하는 둘 또는 그 이상의 사람들"이라고 정의했다.

마스터마인드 그룹에는 이 간단한 표현 이상의 것이 있지만 시작으로서는 좋다.

나폴레온 힐은 마스터마인드 그룹을 성공을 위한 비결 가운데 하나로 여겼다. 그러나 힐이 이런 개념을 처음 고안한 것은 아니다. 몇몇 사람이 마스터마인드 그룹의 개념을 힐의 공으로 돌리는 것은 적절하지 못하다. 그렇게 하면 수많은 마스터마인드 그룹의 성공 이야기들과 함께하는 세계의 역사 전체를 부정하게 되기 때문이다.

또 어떤 사람들은 마스터마인드 그룹이 힐의 멘토인 역사적인 거물 앤드루 카네기*Andrew Carnegie*에게서 시작되었다고 믿는다. 그러나 마스터마인드 그룹은 그보다 훨씬 오래전부터 존재했다.

가난한 스코틀랜드 출신의 이민자 소년에서 세계적인 부자로 일어선 카네기는 피츠버그 전신국에서 전신 배달부로 일할 때 마스터마인드 그룹의 힘을 알아챘다.

그는 힘들고 단조로운 공장 인부 생활을 떠나 1849년 오라일리 전신 회사에서 일을 얻었다. 그 일을 하면서 상인과 제조업자, 은행가 등 여러 사업가의 막후 거래를 직접 보게 되었다.

어린 앤드루 카네기는 곧 피츠버그에서 이뤄지는 상거래에 대해 그 누구보다 더 많이 알게 되었다. 전보들을 직접 배달한 덕에 사람들의 재정 거래와 동업 관계, 사업 계획들을 알았다. 또한 도시 내 주요 사업체들의 신용등급, 물품과 서비스 주문, 가격과 조건도 알았다.

17세가 되자 카네기는 사업 관련 교육을 받았고, 비즈니스에서 협력 관계의 중요성을 알게 되었다. 그는 최고의 자리에 오르기까지 항상 자기보다 지식이 더 풍부한 사람들과 함께했다.

많은 사람이 첫 마스터마인드 그룹이 시카고의 '빅 6'였다고 주장한다. 즉 카네기와 리글리 추잉 껌의 창립자인 윌리엄 리글리 주니어*William Wrigley Jr.*, 구내식당 체인 오너인 존 R. 톰슨*John R. Thompson*, 당시 세계 최대 광고 회사 Lord & Thomas의 오너인 앨버트 래스커*Albert Lasker*, Parmalee Express의 오너인 미스터 맥콜로우*Mr. McCullough*, Yellow Cab의 오너들인 윌리엄 헤르츠*William Hertz*와 윌리엄 C. 리치*Mr. William C. Ritchie*로 구성된 그룹 말이다.

이 그룹은 1920년대에 형성되었다. 당시 그들의 연간 수익 총액이 2,500만 달러였다. 지금 시세로 연수익이 약 5억 6,900만가량 된다! 이들 중 고등교육을 받거나 본래 재정적으로 넉넉했던 사람은 단 한 명도 없었다. 모두가 기초 자본 또는 큰 대출 없이 자수성가했다.

그들 중 옐로우 캡의 오너인 두 사람을 제외하고 아무도 법적 파트너십을 갖고 있지도 않았다. 그들은 오로지 자신들의 아이디어에 피드백을 받기 위해 그룹을 만들었다. 때때로 비상시에는 서로 재정적 도움을 주었다.

카네기 또한 자신의 경영팀을 마스터마인드 그룹으로 간주했다. 그러나 이것이 카네기의 첫 마스터마인드 그룹은 아니다. 그는 소년이었을 때도 마스터마인드 그룹에 속해 있었다. 친구들 네 명과 '웹스터 문학회'를 조직해 그날의 쟁점들을 놓고 토론했다. 1850년대에는 '오리지널 6'라는 새로운 그룹을 만들었는데, 이 조직은 마스터마인드 그룹이면서 유럽 여행 길동무 그룹이 되었다.

후에 뉴욕으로 이사한 그는 몇 가지 살롱 모임에 참여해 교양을 더 쌓았고, 개인적이고 사업적인 네트워크를 더 확장했다.

하지만 마스터마인드 그룹의 개념은 수백, 아니 수천 년 전으로 거슬러 올라간다. 자문단을 둔 세계적 리더들은 알렉산더 대왕 시대까지 거슬러 올라간다. 소크라테스의 신봉자들, 예수의 제자들도 마스터마인드 그룹이라고 말할 수 있을 것이다. 고대 역사를 생각해 보면 마스터마인드 개념의 창시자로 어느 한 사람을 특정하기란 불가능하다.

분명히 말해, 나폴레온 힐이나 앤드루 카네기는 마스터마인드 그룹을 활성화하는 데 기여했지만 그 개념을 처음 고안하지는 않았다.

미국의 헌법 제정자들 역시 마스터마인드 그룹이었다.

준토 모임

예를 들면 벤저민 프랭클린은 공민으로서의 삶을 사교적 삶과 섞는 것을 좋아했고, 그 두 삶을 활용해 기꺼이 비즈니스로 확장했다. 이러한 접근 방식으로 1727년 가을, 젊은 노동자 클럽을 만들었다. 그것은 '가죽 앞치마 클럽*Leather Apron Club*'이라 불렸고 공식적으로 '준토*the Junto*'라는 별칭이 붙었다. 프랭클린이 결성한 이 소그룹의 구성원은, 그들만의 신사 클럽을 가진 사회적 엘리트들이 아닌, 진취적인 상인과 장인들이었다. 그들은 서로의 성공을 위해 도왔다.

이 젊은이들은 매주 한 번씩 저녁에 모여 그날의 주제들을 갖고 토론했다. 책이나 소매상, 친구들을 서로 소개했다. 철학이나 도덕, 경제, 정치와 관련된 주제들을 놓고 토론하면서 자기를 발전시켰다. 이 모임은 40년간 지속되었고, 결국 미국 철학 공동체 *the American philosophical Society*의 모태가 되었다.

프랭클린은 자서전에 준토 모임에 대해 이렇게 묘사했다.

"미리 언급했어야 했는데, 작년(1727년) 가을에 나는 재주 많은 지인들과 상호 발전을 위해 모임을 하나 결성해 준토라 이름 지었고, 매주 금요일 저녁에 모임을 가졌다. 모임의 규칙은 모든 회원이 돌아가면서 윤리나 정치, 자연 철학(물리학)과 관련해 어느 한 주제를 정해 토론할 질문을 하나 이상 만들어 오는 것이다. 그리고 석 달에 한 번 원하는 주제를 놓고 에세이를 써서 읽는다. 토론은 의장의 인도하에 논쟁이나 이기고자 하는 욕망 없이 진리를 탐구하는 진실한 마음으로 진행하는 것으로 했다. 그리고 흥분하는 경우를 예방하기 위해 긍정적 의견이나 직접적으로 반박하는 표현은 전부 금지했고, 소액의 벌금을 부여했다."

이 참신한 준토의 결과는 오늘날에도 분명히 나타난다. 준토로 인해 우리의 첫 도서관, 지원제 소방대, 최초의 공공 의료기관, 경찰서, 포장도로, 펜실베니아 대학이 나왔다.

P. T. 바넘과 캐리 살롱

조 비테일은 P. T. 바넘*P. T. Barnum*에 관해 쓴 『분 단위로 새 고객이 탄생한다*There's a Customer Born Every Minute*』에서 뛰어나 흥행사도 마스터마인드 그룹에 참여했다고 설명한다.

"바넘은 '캐리 살롱Cary Salon'에 자주 참석해서 존 그린리프 아이티어John Greenleaf Whittier와 호레스 그릴리Horace Greeley, 수잔 B. 안토니Susan B. Anthony를 비롯해 당대의 많은 유명 지식인, 작가, 편집자, 명사, 목사, 문학인들을 만났다. 인기 있는 시들을 쓴 미국의 자매 시인 앨리스 캐리Alice Cary와 피비 캐리Phoebe Cary는 유명인들을 끌어당겼다. 바넘은 일요일 저녁의 이 비공식 모임에 참여하기로 한 선택 덕분에 인적 네트워크가 필요한 시기에 도움을 얻었다. 즉, 도움이 필요할 때 요청할 수 있는 넓은 인맥을 얻게 되었다."

캐리 살롱 역시 사람들이 교제하며 함께 성장한 마스터마인드 그룹이었다.

마스터마인드 그룹은 문학적 또는 정치적 목적을 위해서도 만들어졌다. 예를 들면 1885년 10월 16일 50명의 신사들이 보스턴 백 베이 지구에 위치할 새로운 사교 클럽을 결성하기 위해 벤돔 호텔에서 만났다. 이 모임에 참여한 사람들은 서로 연합하고, 또 하나의 새로운 클럽도 만들기로 했다. 어거스투스 P. 마르틴Augustus P. Martin 장군이 주재하는 이 모임이 계속되어 알공퀸 클럽Algonquin Club이 탄생했다.

형이상학적 그룹

1872년 지성의 거장들이 비공식적으로 모이기 시작했다. 이들 가운데 올리버 웬들 홈스 주니어(Oliver Wendell Holmes Jr., 당대 법률계의 전설적인 지성)와 윌리엄 제임스(William James, 현대 심리학의 아버지), 찰스 샌더스 피스(Charles Sanders Peirce, 과학자이자 기호학의 창시자)가 있었다. 이들은 9개월간 만나면서 모임 이름을 '형이상학 클럽'이라 불렀다. 이 마스터마인드 그룹의 목적은 아이디어 탐구였다. 이들이 남긴 역사적인 결과를 루이스 메넌드_Louis Menand_는 『메타피지컬 클럽_The Metaphysical Club_』이라는 책으로 펴냈다.

세계 최대의 마스터마인드 그룹

아마 현존하는 세계 최대의 마스터마인드 그룹은 미국에서만 120만 명 이상, 전 세계적으로는 200만 명 이상의 회원을 갖고 있다. 이 그룹은 1935년 미국 오하이오주 애크론시에서 빌 윌슨_Bill Wilson_과 밥 왓슨_Bob Watson_ 박사, 두 사람이 창립했다.

이 조직은 미국과 캐나다에 있는 교정시설 내 2,562개의 그룹을 포함해 10만 5천 개 이상의 그룹으로 이루어져 있다. 어떤 단체를 말하는지 추측할 수 있는가?

만나라 그러면 부자가 되리라

바로 '알코올중독자 갱생회*Alcoholics Anonymous*'이다.

알코올중독자 모임이 마스터마인드 그룹이라고?

당연히 그렇다.

만일 알코올중독자 갱생회 또는 마약중독자 모임이나 폭식자 모임, 도박중독자 모임, 알코올중독자 구제회 같은 그룹에 대해 들어봤다면, 이들을 '12단계 프로그램'이라 부른다는 것도 알 것이다. 이는 그룹에서 정해 놓은 모든 회원이 지켜야 할 12가지 지침 때문이다.

마스터마인드 그룹의 가치를 인정한 사람들

현대의 많은 강사와 리더 역시 마스터마인드 그룹의 가치를 인정한다.

톰 피터스(Tom Peters)

현대 경영학의 구루. 그의 저서 『초우량 기업의 조건*In Search of Excellence*』에서 마스터마인드 그룹의 본질적 개념을 설명하면서 '스컹크웍스*skunkworks*'라는 용어를 사용한다. 이것은 한 프로젝트를 놓고 모인 소수의 인원이 보통 각 개인이 내는 결과물의 총합 이상의 성과를 내는 것을 의미한다. '스컹크웍스'는 알 캡*Al Capp*의 연재만화『릴 애브너*Lil' Abner*』에 나오는 밀주 공장에서 따왔다.

지그 지글러(Zig Ziglar)

선두적인 세일즈 트레이너이자 동기부여가. "다른 사람들이
원하는 바를 이루도록 돕는다면, 당신이 원하는 모든 것을 얻을
수 있다."라는 너무나도 적절한 말을 했다. 마스터마인드 그룹 안
에서 다른 사람들과 함께 일함으로써 더 많이 성취할 수 있다.

팻 라일리(Pat Riley)

미국 프로농구 감독. "팀워크가 삶의 본질이다. 훌륭한 팀워크
는 궁극의 순간에 도달하고, 삶의 돌파구를 만들며, 삶의 변치 않
는 의미를 충족시키는 유일한 방법이다." 물론 마스터마인드 그
룹은 역시 하나의 팀이다.

나폴레온 힐은 사업이나 재정, 기업, 등 어느 분야에서든 탁월
하게 성공한 개인들을 조사하면 배후에 어김없이 마스터마인드
그룹이 있다고 했다.

*"능력은 자신의 의지를 타인의 목적과 연결하고, 이성과
협력이라는 선물로 이끄는 데 있다."*
- 우드로 윌슨*Woodrow Wilson*

집단의 지혜

마스터마인드 그룹에서 안건은 집단에 속하지만 주요한 요소는 각 구성원의 참여이다. 동료들이 피드백을 주고, 새로운 가능성을 찾도록 도우며, 진로에서 벗어나지 않고 집중해서 제대로 일을 진행하도록 책임 시스템을 구성한다. 당신과 함께 그룹을 새로운 고지로 끌어올릴 아이디어를 모으고 서로 지지하는 동료들의 공동체를 만드는 것이다.

뛰어난 통찰력을 얻어 당신의 사업과 개인의 삶을 향상시키도록 도움을 얻을 수 있다. 어떤 면에서 마스터마인드 그룹은 객관적인 이사회를 갖는 것과 같다.

마스터마인드 그룹은 많은 사람이 함께 일할수록 더 적은 시간 안에 일을 완수할 수 있다는 기본 철학을 공유한다. 개인들이 솔직하고 서로 지지하는 환경에서 정기적으로 만나 생각과 아이디어, 의견, 정보를 나눈다.

제임스 서로위키*James Surowiecki*는 자신의 책『대중의 지혜*The Wisdom of Crowds*』에서 집단은 개인보다 지능이 더 높다고 언급한다. "다양한 수준의 지식과 통찰력을 지닌 사람들을 모아 집단을 만들 수 있다면 중요한 결정을 내릴 때, 각 개인이 얼마나 영리한가에 상관없이, 한두 명의 손에 맡기는 것보다 그 집단에 맡기는 것이 더 낫다."

우리는 한 개인으로서 사물을 자신의 시각, 세계관에서 본다. 집단은 타인들의 관점을 더하고 혼합함으로써 더 큰 지성을 공유하며, 새롭고 다른 관점, 이른바 '제3의 정신'으로 사물을 본다.

이러한 집단적 정신이 정보를 본질까지 통찰하고, 기초적인 생각을 아이디어로 구체화한다. 또한 이 집단적 정신에서 "아하!" 하고 깨닫는 순간이 온다. 개인 혼자서는 이런 순간에 도달할 수 없다. 왜냐하면 근시안적 시각 때문에 관점이 흐려질 수 있기 때문이다. 세상에 대해 좀 더 객관적인 시각을 가진 집단에서는 확장된 사고를 할 가능성이 무한하다.

확실히, 마스터마인드 그룹을 형성하고 그 안에 속하면 실질적인 능력을 갖게 된다. 그것이 무엇인지 좀 더 깊이 살펴보자.

누구나 마스터마인드 그룹을 만들 수 있다

인터넷상의 여러 사람과 몇몇 친구들은 이 책의 저자들이 마스터마인드 그룹을 이루고 있다는 사실을 안다. 그들은 자연스레 호기심을 가진다. 마스터마인드 그룹이란 무엇일까? 거기서 무엇을 할까? 왜 마스터마인드 그룹 활동을 할까?

얼마 전 지역의 한 기자가 조 비테일의 생일을 축하하는 자리에 찾아왔다. 그녀는 마스터마인드 그룹에 대해서 물었다. 그 대화의 일부를 여기에 소개한다.

조 비테일: 마스터마인드 그룹은 보통, 서로 경쟁 관계가 아닌 분야에서 일하는 사람들 여섯 명 정도로 구성됩니다. 구성원들은 서로가 목표를 이루도록 돕기 위해 만납니다.

기자: 누가 개발했습니까?

조 비테일: 재계의 거물 앤드루 카네기라고 나폴레온 힐은 말합니다. 그리고 나폴레온 힐은 『생각하라 그러면 부자가 되리라』라는 자신의 유명한 책에서 마스터마인드 그룹이라는 용어를 잠깐 언급합니다. 그러나 마스터마인드의 개념은 고대 그리스로 거슬러 올라갑니다. 소크라테스나 예수 또한 마스터마인드 그룹을 갖고 있었다고 말할 수 있습니다.

기자: 마스터마인드 그룹 안에서는 어떤 일이 일어납니까? 비즈니스적입니까? 영적입니까? 아니면 또 다른 어떤 것입니까?

조 비테일: 복합적이지요. 일차적으로 지원 그룹인 것은 확실합니다. 각 구성원이 모임에 자신의 다양한 능력과 배경, 사업 경험을 가져오면, 모든 사람이 서로의 관점에서 배웁니다. 또한 칼 융*Carl Jung*의 관점으로 볼 때, 당신은 지지하는 사람들과의 모임을 통해 더 큰 정신, 일종의 제3의 정신을 창조하고 활용하게 됩니다.

기자: 모임은 어떻게 진행되나요?

조 비테일: 마스터마인드 그룹 모임은 지명된 사람, 말하자면 '운전자'가 이끕니다. 기본적으로 구성원 모두가 자신의 목표와 필요한 사항 등을 말할 수 있는 기회를 얻습니다. 다양한 방식으로 운영될 수 있지요.

기자: 얼마나 자주 모입니까?

조 비테일: 제가 속한 그룹은 목요일마다 식당에서 직접 대면으로 모입니다. 그런데 저는 전적으로 전화 모임으로 이뤄지는 두 그룹에도 가입했던 적이 있습니다. 요즘에는 웹캠을 통해 인터넷상으로도 할 수 있습니다.

기자: 제가 마스터마인드 그룹을 결성하는 일을 도와주실 수 있습니까?

조 비테일: 바로 그러기 위해서 이 책을 쓰는 겁니다.

마스터마인드 그룹은 단지 비즈니스만을 위한 것이 아니다. 당신이 이루고자 하는 어떤 목표를 위해서든 마스터마인드 그룹을 결성할 수 있다.

어떤 특정한 이유로 돈을 마련하고자 하는가? 마스터마인드 그룹을 결성하라.

운동을 더 하고 잘 먹고자 하는가? 마스터마인드 그룹을 결성하면 혼자 하는 것보다 목표를 더 잘 이루고 지원 그룹도 갖게 될

만나라 그러면 부자가 되리라

것이다. 조 비테일은 마스터마인드 그룹에 참여해 몸무게를 80파운드 정도 뺐다. 인터넷상의 부처에서 인터넷상의 보디빌더가 된 셈이다.

다음번 휴가 계획과 관련해서도 마스터마인드 그룹을 형성할 수 있다. 공동구매의 힘으로 괜찮은 여행사를 소개받고, 휴가지를 정하고, 더 좋은 가격에 협상하는 데 도움을 받을 것이다. 모르는 사람들과 떠나는 단체 여행 대신 다섯에서 여섯 커플과 함께 그룹 여행 혜택을 누릴 수도 있다.

집을 리모델링하는 문제는 어떤가? 같은 생각을 하는 이웃의 네다섯 커플과 마스터마인드 그룹을 결성할 수도 있다. 자재나 공구 등을 공유할 수도 있다.

생각해 보라. 누구는 페인트칠을 잘하고 또 누구는 배관 관련해서 재주가 좋다. 누구는 계획을 잘 짜고 또 누구는 실내 장식에 감각이 있다. 또 어떤 사람은 목공 일을 잘할 수 있다. 서로의 프로젝트를 위해 함께 일하면 과정도 즐겁고, 많은 돈을 절약할 수 있다. 혹은 당신이 직접 하는 유형이 아니라면 그룹을 결성해 공동구매의 힘으로 좋은 업체를 찾아 좋은 가격으로 협상할 수 있다.

여기서는 단지 약간의 힌트만 주는 것이다. 마스터마인드 그룹을 결성해서 실제로 얻게 될 수많은 가능성이 보이는가?

이제, 마스터마인드 그룹에 대해 알게 된 개념과 당신이 시작하고 싶은 마스터마인드 그룹의 종류를 다음의 공간에 적어 보라.

세 가지 유형의
마스터마인드 그룹

"당신에 대해 진실을 말해 줄 사람들의 조언을 구하라. 듣고 마음이 아프더라도 말이다. 단지 칭찬만으로는 당신에게 필요한 발전을 이루지 못한다."

- 휴스턴 그룹*THE HOUSTON GROUP*

나(빌 히블러)는 마스터마인드 그룹의 개념을 바버라 셔*Barbara Sher*와 애니 고틀리프*Annie Gotlieb*의 책 『팀워크스*Teamworks*』에서 접했다. 저자들은 마스터마인드 대신 '성공 팀'이라는 용어를 사용했지만 전제는 같았다.

1994년에 나는 텍사스주 휴스턴시에서 음악 산업 관련 인명부를 출판하고 있었는데, 1980년대 '험블 파이*Humble Pie*' 같은 록 그룹들의 순회공연 매니저를 하던 시절로 돌아가고 싶은 마음이 간절했다. 휴스턴은 그런 내게 별 도움이 되지 않는 도시였다. 나는 도움이 필요했다.

나의 첫 마스터마인드 그룹을 다른 지역의 음악 산업에 종사하는 네 명과 함께 만들었다. 팻 오브라이언*Pat O'Bryan*은 녹음실을 소유했고 음악가였다. 맥스 슐드버그*Max Shuldberg*는 그룹 '헝거*The Hunger*'의 드러머였다. 조 가비토*Joe Gavito*는 그룹 '프랜차이즈*The Franchise*'의 기타리스트이자 세션맨이었다. 로저 이고*Roger Igosms*는 색소폰 연주자이자 펑크 그룹 '글로벌 빌리지*Global Village*'의 매니저였다. 우리 다섯 사람은 팻과 나의 사무실이 있는 건물의 임원 회의실에서 일주일에 한 번씩 만났다.

우리는 첫 모임 때 자신의 배경을 약간 소개하고 목표에 대해 이야기했다. 나는 그때 그들이 말한 목표를 지금도 분명히 기억한다.

팻 오브라이언은 녹음실을 텍사스 힐 컨트리로 이전하고 싶어 했다. 윔벌리*Wimberley*는 나로서는 처음 들어보는 도시였다. 그는 그 지역을 "마법의 골짜기"라 불렀고, 휴스턴보다 훨씬 업그레이드된 곳이라고 했다. 그는 휴스턴에서도 잘 살았지만 고객들에게 실망감을 느꼈다. 다른 사람들의 앨범 작업을 하는 시간을 줄이고 대신 자신의 음악을 하는 데 더 많은 시간을 쓰고 싶어 했던 것 같다.

맥스 슐드버그의 목표는 주류 음반 회사와 음반 제작 계약을 맺는 것이었다. 그룹 헝거는 이미 휴스턴 지역에서 성공해 몇몇 음반 회사가 관심을 보였지만 구체화한 것은 아무것도 없었다. 그들은 또한 새 매니저를 구하고 있었다. 당시의 매니저는 그룹을 다음 단계로 발전시킬 인맥과 요령이 부족했기 때문이다.

나와 1970년대에 처음 만난 조 가비토는 프로 음악가였다. 뛰어난 기타리스트이자 드러머, 작곡가인 조는 수년간 반주자로 일했는데, 자신의 밴드를 만들고 싶어 했다. 그러나 당시에 그는 결혼한 지 얼마 안 된 신혼이었고, 자신이 정말로 음악을 계속하기를 원하는지 확신하지 못했다. 전자공학 학교에 진학해 음악계에서 아주 나올 생각도 하고 있었다. 그의 목표는 자신이 무엇을 하고 싶은지 명확히 아는 것이었다.

그룹 헝거의 경우와 같이 로저 이고의 밴드 글로벌 빌리지는 지역에서는 꽤 성공을 거뒀다. 그러나 텍사스주 밖에서는 주목을 받지 못했다. 글로벌 빌리지는 여덟에서 아홉 명의 멤버로 구성된 큰 밴드였다. 멤버들의 성격 차이로 밴드가 해체될 위기여서 로저는 압박감을 많이 느꼈다. 그의 목표는 매니저 일을 그만둘지 아니면 밴드를 아예 떠날지의 문제를 놓고 앞으로 행보를 결정하는 것이었다.

나의 목표는 미국 전역과 전 세계로 순회공연을 다니는 생활로 돌아가는 것이었다. 나는 남은 인생을 순회공연에 전념하고 싶은지 확신하지는 못했지만, 너무 늦기 전에 적어도 유럽 투어를 하고 세계를 좀 더 체험하고 싶었다. 가장 이상적인 것은 클럽과 소규모 극장 투어 계약을 맺은 인정받는 밴드와 함께 일하는 것이었다.

나는 정확히 1994년 언제 밴드를 결성했는지는 기억나지 않지만 1995년 2월에는 글렌 휴즈*Glenn Hughes*의 투어 매니저로 일하고 있었다. 글렌 휴즈는 그룹 딥 퍼플*Deep Purple*과 블랙 사바스*Black Sabbath*의 보컬이자 베이스 연주자였다.

나는 6개월이 채 안 되어 글렌 휴즈의 매니저가 되었다. 1995년 말 이전에 일본과 독일, 영국, 프랑스, 스페인, 스위스, 오스트리아, 벨기에, 이탈리아, 네덜란드에서 순회공연을 진행했다. 그후 3년 동안 여러 차례 세계 순회공연을 다니면서 글렌의 음반 세개와 여러 다른 음악가들의 음반들을 제작했다.

맥스 슐드버드의 밴드 헝거는 새로 창립한 유니버설 뮤직*전 MCA Records*과 계약한 첫 그룹이었다. 1996년에는 'Vanishing Cream'이라는 곡으로 히트를 쳤고, 그룹 키스*KISS*의 1996년 고별 투어의 오프닝 밴드로 활약했다. 맥스 슐드버그는 2003년까지 계속 헝거와 일했다.

팻 오브라이언은 웸블리로 음반 녹음실을 옮겼고, 자신의 앨범을 4개 발매했다. 그리고 유럽에서 꽤 많은 팬을 만들었고, 1년에 한두 번씩 유럽 순회공연을 통해 클럽과 축제에서 공연한다.

조 가비토는 전자공학 학교를 마치고 엑손*EXXON*의 컴퓨터 시스템 엔지니어로 취직했다. 몇 년 동안 음악계를 떠나 가족을 부양했다. 최근에 음악 산업으로 돌아와 자신의 음반 녹음실을 운영하고 있다. 또한 세션맨으로 일을 많이 맡고 있으며 얼마 전에는 그로서는 첫 중국 순회공연을 다녀왔다.

로저 이고는 글로벌 빌리지뿐 아니라 음악계를 완전히 떠났다. 자신이 어떤 단계를 밟을지 확실히 알지는 못했지만 록스타는 자신이 원하는 일이 아님을 알았다. 몇 년간 고심했지만 결국 건축업과 부동산업계에서 성공했다. 또한 사랑하는 사람을 만나 2001년에 결혼했다.

우리 그룹의 멤버 각자가 자신의 목표를 이뤘다. 나는 세계 순회공연이라는 나의 목표를 말할 당시에 그 일을 어떻게 이룰까에 대해서는 아무 생각이 없었다. 당시에는 아주 무리한 일 같았다. 마스터마인드 그룹이 현재 나의 위치에 이르는 데 직접적 책임은 없어도, 그룹의 지원이 없었다면 목표를 성취하지 못했을 것이다.

맥스와 팻, 두 사람도 목표를 이뤘다는 사실에 동의할 것이다. 조와 로저는 음악 산업에서 상위권에 오르지는 못했지만 꼭 그것을 추구했던 것은 아니다. 두 사람은 자신들의 마음을 명확히 알기를 원했고, 마스터마인드 그룹의 도움과 지지 덕분에 마음을 정할 수 있었다. 그리고 그들 역시 다른 분야에서 성공했다.

한편 팻 오브라이언의 이야기는 여기서 끝나지 않는다. 그가 나의 최근 마스디마인드 그룹에 참여한 이후에 이룬 놀라운 성공 이야기가 있다.

오스틴 그룹(THE AUSTIN GROUP)

2002년 초 나는 인터넷 사업으로 돈을 벌 생각을 갖고 윔벌리로 이사했다. 팻 오브라이언이 그곳으로 이사한 이후 여러 번 그를 찾아갔다. 휴스턴과 LA에서 수년간 교통 체증과 공해에 시달렸던 나는 변화를 받아들일 준비가 되어 있었다.

윔벌리에 정착하자마자 인터넷 마케팅 훈련소에서 할 만한 일들을 시작했다. 인터넷 마케팅과 관련해 내가 찾을 수 있는 모든 강의, 전자책, 동영상을 공부했다.

휴스턴을 떠나기 전 나는 조 비테일이 윔벌리로 이사 왔다는 소식을 들었던 터라 그곳에 가면 그를 만날 계획도 세웠다. 그때까지 우리는 한 번도 만난 적이 없지만 조가 휴스턴에 살 때 서로 이메일을 주고받았다.

윔벌리에서 나는 조와 때때로 만나 점심을 같이 먹기 시작했다. 그는 연인인 네리사 오든*Nerissa Oden*과 종종 같이 왔다. 나는 조의 시간을 많이 빼앗고 싶지 않았지만 초보 마케터였던 터라 만나서 웹 마케팅에 대해 이야기 나눌 사람이 같은 지역에 있어서 좋았다.

나는 여러 온라인 포럼으로 사람들과 연락했지만 나의 오래된 마스터마인드 그룹에서와 같은 신속도와 효과를 얻지는 못했다. 인터넷 마케팅 세미나에도 여러 차례 참석했다. 오프라인 행사에 참석해서 얻을 수 있는 많은 이점 중 하나는 직접 대면해 인맥을 쌓을 기회를 얻는다는 것이다. 나의 고객과 공동 파트너들은 전 세계에 흩어져 있는데, 오프라인 모임에서 그들 중 일부를 직접 만날 수 있었다. 아무튼 세미나에서 사람들과 소통하는 일은 좋았지만 정기적인 마스터마인드 그룹 모임에 참여하는 것과는 같지 않았다.

나는 새로운 마스터마인드 그룹을 결성해야 할 시기라고 생각했다. 웜벌리는 소도시이기 때문에 약 40마일 떨어진 오스틴시에서 그룹을 만들기로 했다. 오스틴 근방에 사는 몇몇 아는 사람들에게 연락했고, 온라인 포럼상에 멤버를 모집한다는 광고를 냈다.

여러 사람이 관심을 표명했기에, 한 커피숍에서 첫 모임을 갖기로 했다. 불행히도 다수가 나오지 않거나 마지막에 약속을 취소했다.

나 외에 온라인으로 정보 상품을 개발하고자 했지만 주 분야는 결정하지 못한 초보자 두 명이 나왔다. 또한 웹 디자이너이자 저널리스트인 한 사람은 이 모임에 회원이 될지 아직 확신을 갖지 못했다. 이런 핵심 구성원들 외에 가끔 얼굴을 비추는 한두 명이 있었다.

오스틴 그룹은 단 몇 개월 지속되다가 끝났다. 사실 서로 호흡이 안 맞았고 참석률도 들쑥날쑥했다. 또 다른 문제는 모임 장소였다. 커피숍에서 만났는데, 우리 그룹만의 공간이 아니고 지나치게 격식이 없는 공간이라 방해를 받는 경우가 빈번했다. 늦게 와서는 멤버들과 인사하고 커피를 주문하러 가는 몇몇 멤버들 때문에 이야기가 자꾸 중단되곤 했다. 진정한 마스터마인드 그룹이라기보다는 격식 없는 인맥 쌓기 그룹이 되어 버렸다. 그것은 매번 40마일을 운전해서 오는 내가 추구하던 바가 아니었다.

그래서 나는 모임을 떠났고, 그 그룹은 곧 해체되었다. 결국 나는 진정함 마스터마인드 그룹다운 새로운 그룹을 계획했다.

윔벌리 그룹(THE WIMBERLEY GROUP)

나는 윔벌리로 이사 온 이후, 오랜 친구이자 휴스턴 마스터마인드 그룹의 회원인 팻 오브라이언과 정기적으로 만났다. 팻은 계속 음악을 했고, 어떤 직업으로 바꿔야 할지를 놓고 때때로 내게 조언을 구했다. 그는 또한 그림도 계속 그렸고 이베이*eBay*에서 몇 작품을 팔기도 했다. 그리고 나의 인터넷 마케팅 사업 계획에 대해서도 전부 들었다.

팻에게 도움이 필요한 것 중 하나는 광고였다. 나는 그에게 조비테일과 연결되어 함께하라고 제안했다. 조는 무엇보다도 광고 분야에서 탁월했다. 나는 조가 또한 아마추어 기타리스트이자 하모니카 주자인 것을 알고 있었다. 어쩌면 팻과 조가 서로 도울 수 있겠다는 생각이 들어 그들을 연결시켰다.

두 사람은 죽이 맞았다. 조는 팻에게 기타 레슨을 받고 그 대신 언론 보도자료 작성법을 가르쳐주기로 했다. 또한 입체음향 오디오라는 신기술을 도입한 CD를 빌려주었다. 팻은 곧 그 기술의 가능성을 보았고, 조와 함께 투자할 아이디어를 내놓았다.

그들은 동업하기로 합의를 보았고, 다수의 베스트셀러 상품을 만들었다(자세한 사항은 www.MilagroResearchInstitute.com을 보라). 나는 조금 흥분되었다.

그 당시 조는 2004년 1월 오스틴에서 영성 마케팅 세미나를 계획하고 있었다. 그리고 팻과 나를 그 자리에 게스트로 초대했다. 또한 팻에게 새로 출시한 음향 상품들을 그 세미나에서 판매 테스트를 해 보라고 제안했다. 결국 상품들은 참석자들 사이에서 대히트를 쳤고, 팻은 인터넷 마케터로 정식 입문했다.

세미나를 마치고 집으로 오는 차에서 나는 팻에게 나의 새 마스터마인드 그룹에 들어오라고 권했다. 오스틴 그룹의 회원이었던 네리사 오든이 모임을 윔벌리에서 가진다면 조도 참여할 것이라고 알려 주었다. 팻과 조, 네리사, 나까지 넷이 모였지만 멤버가 더 필요했다.

조의 세미나에서 나는 크레이그 페린*Craig Perrine*을 만났다. 크레이그는 이메일을 주고받고 온라인 포럼에서 본 사람이었다. 나는 그가 오스틴 바로 바깥에 위치한 라운드 록에 산다는 것을 알고는 우리의 새 그룹에 함께하자고 요청했다. 그 역시 신속히 수락했다.

신디 캐쉬맨*Cindy Cashman*은 앞에 언급한 그 세미나에 선 강사 중 하나였다. 신디는 베스트셀러이며 모든 페이지가 비어 있는 색다른 책『남자가 여자에 대해 아는 모든 것*Everything Men Know about Women*』을 포함해 여러 권의 책을 출판했고, 자신의 책을 전통적 서점이 아닌 백화점이나 부티크 같은 곳에서 판매하려고 노력했다. 결국 그 방법은 여성들이 친구들에게 선물하기 위해 책을 사는 효과를 냈다. 신디는 우리 그룹의 초기 멤버는 아니었지만 나중에 그룹의 주요 일원이 되었다.

네리사와 조가 질리언 콜맨 휠러*Jillian Coleman Wheeler*를 그룹에 들어오라고 초청했다. 나는 그녀를 조와 네리사의 파티에서 만났고, 그녀가 연구 지원서 작성에 전문가임을 알게 되었다.

이렇게 우리의 새로운 마스터마인드 그룹이 탄생했다. 이 그룹이 결성된 후로 또 다른 멤버들이 오고 갔지만 우리 여섯 명만이 그룹의 핵심 멤버로 계속 남았다. 우리는 현재 2년째 계속 만나고 있다.

이 그룹을 통해 얻는 이익은 엄청났다. 그룹을 결성한 이후 내 수입은 세 배 이상 증가했다. 마스터마인드 그룹의 지지와 조언, 협력을 얻는 것은 매우 유익하다. 나는 그룹 멤버들과 협력해 여러 개의 공동 사업을 진행했다. 당신이 지금 읽고 있는 책도 그중 하나이다.

이 그룹의 멤버들은 훌륭한 책임 파트너들이다. 만일 내가 다음 모임까지 어떤 과제를 끝낼 계획이라고 알렸는데 마감 기한을 지키지 못하면, 그것에 대해 나는 이들에게 한 소리 들을 것을 안다. 이들은 내가 계속 나아가도록 도움을 준다.

이 마스터마인드 그룹이 내게 주는 특별히 중요한 또 하나의 유익은, 내가 어떤 일을 하는지 분명히 이해해 주는 친구들과 함께 어울릴 기회를 준다는 것이다. 내가 만나는 사람들 대부분은 인터넷 마케팅이 무엇인지 잘 모른다. 윔벌리 전화번호부에는 나의 이름이 '인터넷 마케팅' 부문에 올라가 있고, 나는 컴퓨터가 고장 났는데 와서 수리해 주는 비용이 얼마인지 묻는 전화를 늘 받는다. 또는 인터넷을 연결해 주는 데 비용이 매달 얼마 드는지 묻는 전화도 온다. 그래서 이런 그룹이 있다는 것은 정말로 축복이다.

나는 멤버들에게 마스터마인드 그룹이 그들 개인에게 어떤 의미가 있는지 평가해 달라고 요청했다.

조 비테일(www.MrFire.com)

서로 지지하는 사람들로 이뤄진 그룹 안에는 마법이 있다. 나는 우리 마스터마인드 내 사람들을 사랑한다. 그들은 나를 지지하고 격려하며 내 아이디어를 확장한다. 하나의 의문이나 어떤 계획에 대한 암시로 시작한 것이 활기찬 전략, 상품 또는 완전한 작전으로 발전한다. 나는 또한 사람들에게 조언하고 정보를 줘서 그들이 새로운 가능성을 알아보고 활기를 띠는 모습을 보는 것이 좋다. 나는 새로운 상품들을 만들었고, 새로운 전자책들을 공동 집필했으며, www.HypnoticMarketingStrategy.com을 통해서 세계적이고 내 생애 가장 수익성 있는 이벤트를 기획하기도 했는데, 그 모든 것이 이 마스터마인드 그룹에 소속된 직접적인 결과였다. 그중 최고는 나의 책『돈을 유혹하라*The Attractor Factor*』가 마스터마인드 그룹을 통해 제목을 얻었고, 베스트셀러가 된 것이다.

팻 오브라이언(www.PatOBryan.com)

"그룹으로 가져오라."가 해답이 되었다. 그렇다면 질문은 무엇인가? 마케팅 문제나 목록 만들기, 기술적 문제, 광고 문안 작성 문제, 신념에 맞게 행동하는 문제 등이다. 마스터마인드 그룹의 힘은, 특히 내가 속한 그룹의 구성원들이 함께하는 파워는 굉장하다. 우리 마스터마인드 그룹 덕에 나는 수입과 생산성이 급격히 증가했을 뿐 아니라 나의 영적인 작업에 대해 지지와 자극을 얻었다.

네리사 오든(www.TheVideoQueen.com)

나는 마스터마인드 그룹에 대해서 들어본 적이 없었다. 그러나 누군가 내게 가입할 기회를 주었을 때 기꺼이 응했다. 매주 모임에 참여하기 위해 왕복 두 시간을 들이기까지 했다. 정말이지 길에서의 시간 허비를 질색하는 내가 말이다. 하지만 나는 두 시간을 들여 모임에 참여했다. 나와 같이 인터넷으로 사업하길 원하는 많은 사람에게서 동지애와 지지, 안내를 받길 원했기 때문이다.

마스터마인드 그룹에 참여할 기회를 얻기 전에 나는 이미 나의 첫 직업에서 돌아서서 온라인 마케팅 시장에 뛰어들 생각을 하고 있었다. 하지만 오직 원할 뿐이었지 구체적으로 어떤 방법을 취할지에 대해서는 아는 것이 전혀 없었다. 솔직히 처음에 내가 아는 것이라고는 단지 이메일을 보내고 받는 방법뿐이었다. 홈페이지와 도메인 네임이 어떻게 작동하는지도 몰랐다. 그러다가 차차 나의 첫 온라인 사업을 차리고 운영하는 법을 배워 나갔다.

1년이 지난 후 나는 완전히 포기할 참이었다. 근처 인쇄소에서 하기 싫은 아르바이트를 하면서 이미 어느 정도 패배적인 생각에 굴복했다. 그로부터 얼마 지나지 않아 나는 삶이란 누군가 타인을 위해 힘들게 일하고 쥐꼬리만큼 보상받는 것임을 실감하기 시작했다. 당시에 나는 감정적으로 엉망이었다. 이런 자각 이후 나는 신념 체계를 재조정하고 나의 인터넷 사업을 계속했다.

그때 마스터마인드 그룹에 참여할 기회가 왔다. 그룹에 가입한 후로 나는 영감을 얻고 동기를 부여받고 더욱 집중했다. 열정을 좇아 힘겨운 시기를 견디고, 성공을 이루고 지켜내야 함을 깨달았다. 그룹 구성원들이 가진 인터넷 사업과 마케팅이 결합된 경험이 반가운 자원이었다. 내가 겪은 외로움과 몸부림과 비슷한 이야기에서 확증과 지지를 얻었다. 나는 결국 두 권의 이북을 썼고 컨설턴트가 되었으며 동영상 웹사이트를 개설했다. 나의 마스터마인드 그룹은 내가 필요할 때 길잡이가 되고 지지해 주었다. 사업가의 세계에서 이와 같은 자원은 없다.

크레이그 페린(www.maverickmarketer.com)

나는 다른 멤버들을 통해 계속 정보를 얻고 나 역시 다른 사람들을 도울 기회를 가지면서 끊임없이 혜택을 입었다. 중요한 조언을 얻고, 나 역시 도우면서 배운다(내 말에 나도 놀라는 경우가 종종 있다).

내 아이디어들은 그룹에서 버려지거나 좋다면 격려받았다. 이로써 나는 고심하는 시행착오 시간을 줄였다. 또한 그룹 내 멤버들과 함께 콘텐츠를 개발하고 상품 아이디어를 냈다. 얼마 전에는 3권의 안내서와 함께 30디스크짜리 가정학습 과정을 완성했다. 우리 마스터마인드 그룹이 내용 교정을 도왔고, 시간과 자원을 제공했으며, 내용 구성에도 도움을 주었다.

확실히 마스터마인드 그룹은 내게 유익하고, 나 역시 이 그룹에 기여한다고 생각한다. 우리 마스터마인드 그룹은 내가 하는 일을 이해해 주는 몇 안 되는 사람들과의 우정과 사회 활동의 환상적 모임일 뿐만 아니라 유익한 아이디어와 시기적절한 기회를 제공하는 금광이다.

이런 역동적이고 공유된 자원에는 가격을 매길 수 없다. 이러한 마스터마인드 그룹에 속하지 않는다면 무엇을 놓치는지 결코 알 수 없다. 마지막으로 이 말을 하겠다. 나는 15년 동안 외톨이였다. 여러 기준에서 볼 때 나는 어느 정도 성공했다고 할 수 있었지만, 다른 사람들과 협동하자 초심자의 가파른 학습 곡선을 뛰어넘고 성공 수준이 폭발적으로 올라갔다. 나의 성공과 영감의 큰 부분을 이 마스터마인드 그룹에 돌린다.

질리언 콜맨 윌러(www.GrantMeRich.com)

우리 마스터마인드 그룹에서 내게 가장 좋게 여기는 점은 에너지를 집중하도록 도움을 준다는 것이다. 나는 마스터마인드 그룹 모임 시간을 우선순위에 두고 나의 발전을 위해 토의하는 데 책임을 짐으로써 사업 프로젝트에 좀 더 일관되게 시간과 에너지를 쏟게 되었다.

만나라 그러면 부자가 되리라

또한 언제든 이용할 수 있는 엄청난 양의 정보를 다른 멤버들로부터 얻었다. 우리 멤버들은 합작 사업이나 판매사업, 마케팅, 여러 유형의 프로젝트와 관련해 겪은 다양한 경험을 나누는 등 실질적으로 많은 도움을 제공했다.

마지막으로, 마스터마인드 그룹에는 일종의 '마법'이 있어서, 전체 그룹의 집단적 창의성이 멤버 개인들의 정신의 총합보다 훨씬 크다. 우리 멤버들 모두와 특히 나는 이 마스터마인드 그룹을 시작한 이후 창의성이 엄청나게 증가했다. 우리는 모두 새롭고 흥미진진한 프로젝트들을 내놓고 있다.

나는 1991년부터 네 개의 다른 마스터마인드 그룹에 참여하고 있다. 그 그룹들이 얼마나 가치 있는지 도무지 값으로 매길 수 없을 만큼 귀중하다. 마스터마인드 그룹의 가장 큰 장점은, 프로젝트들을 너무 근시안적으로 보아서 보지 못하는 것들을 볼 수 있게 한다는 것이다. 그룹 멤버들의 의견을 들으면 종종 고객을 위해 더 나은 상품을 내놓을 수 있기에 도움이 된다.

신디 캐쉬맨(www.CindyCashman.com)

나는 최근에서야 인터넷 전화 서비스, 스카이프를 이용해 다섯 명의 멤버들과 마스터마인드 그룹 모임을 가졌다. 로켓 과학자인 친구 마크*Mark*와 이야기하다가 내가 진행 중인 프로젝트 하나에 대해 언급했더니, 그 친구가 다섯 명의 멤버들과 모임을 갖자고 제안했다. 대신에 우리는 각기 다른 주에 살고 있어 스카이프를 활용했다. 일주일 내에 우리는 모임을 가졌고 모임을 통해 나는 프로젝트와 관련해 두 페이지가 넘는 분량의 아이디어를 얻었다.

나폴레온 힐이『생각하라 그러면 부자가 되리라』에서 언급했듯 "두 사람이 함께하면 그로부터 제3의 정신에 비길 만한 무형의 비가시적인 제3의 힘이 형성될 수밖에 없다."

내가 알게 된 것은 적절한 그룹은 단지 사업상의 친구 이상이 된다는 사실이다. 나는 다른 누구에게도 말하지 않은 것들을 윔벌리 그룹(빌, 조, 크레이그, 팻, 네리사, 질리언)과 나눴다. 그들 모두를 무척 고맙게 여긴다.

이 그룹에 함께하도록 제의해 준 빌과 조에게 감사하고, 많은 아이디어와 사랑, 지지를 보내 준 다른 멤버들에게도 감사한다.

서로 지지하는 모임,
마스터마인드 그룹

"우리 중 누구도 우리 전부를 합친 것보다 영리하지 않다."
- 켄 블랜차드Ken Blanchard

켄 블랜차드(Ken Blanchard)

지금쯤이면 당신은 마스터마인드 그룹 모임이 실제로 어떻게 진행되는지 궁금할 것이다. 모임에서 이뤄지는 실제 상황을 그대로 표현하면 개개인의 프라이버시를 침해할 테니 가상의 상황을 보여 주겠다. 어떤 식으로 모임이 진행되는지 다음 내용이 감을 잡게 해줄 것이다.

마스터마인드 그룹은 레스토랑의 한 방에서 직접 대면 모임을 가진다. 모임은 물론 전화나 인터넷을 통해 진행할 수도 있다. 온라인 모임에 대해서는 나중에 언급할 것이다. 지금은 대면 모임을 살펴보자.

정오가 되면 회원들이 모임 장소에 나타난다. 회원들 모두가 정시에 도착하는 것이 이상적인데, 그런 일은 매우 드물다. 그래도 서로를 존중하는 의미에서 12시 반에 바로 모임을 시작하기로 합의했다. 정오에 도착해서 30분간은 서로 교제하고 음식을 주문하고 각자 노트를 정리한다.

그룹 구성원은 다섯 명이 딱 좋다. 구성원이 너무 많으면 각 사람에게 동일하게 시간을 배분하기 어렵다.

진행자가 모임을 시작하면서 누가 먼저 발언하겠는지 묻는다. 회원들은 15분 이내에 자기 의견을 말하고 원하는 것을 요청하기로 합의한다. 각자에게 할당되는 시간을 제한하면 집중하게 하는 효과가 있다. 자기 발언에서 15분을 넘기는 사람은 드물다. 모임이 제대로 진행되도록 모두에게 보이게끔 테이블 중앙에 시계를 둔다.

첫 번째 사람이 시작한다. 이번에는 들소 목장을 소유한 사람이 첫 번째로 말한다. "이번 주는 매우 흥미진진했습니다. 몇 달째 비가 내리지 않아 들소들에게 마실 물이 필요했지요. 트럭으로 물을 나르고 있지만 여러분이 기도를 하든 기우제라도 지내주면 도움이 될 것 같습니다."

목장 주인이 이야기하는 동안 회원들은 모두 미소 짓는다.

"사업을 더 많이 알릴 필요를 느끼고, 들소들을 시장에 내놓는 방법과 관련해 아이디어를 찾고 있습니다. 새 명함을 만들고, 드디어 홈페이지도 개설했습니다. 하지만 아직은 그다지 반응이 없는 것 같습니다."

그는 몇 분 더 시간을 가지며 자신의 사업과 필요한 것들을 설명했다. 가족과 몇 가지 개인적인 이야기도 조금 했지만, 명백히 사업에 대해 중점적으로 말했다. 마지막에는 회원들의 의견을 묻는다.

회원 중에서 큰 광고 에이전시에서 일하다가 현재는 고객들의 광고물을 만드는 한 여자가 제안한다. "콘테스트를 열어 상품을 알리는 것을 생각해 본 적이 있나요?"

목장 주인은 없다고 대답한다.

"여러 가지를 해 볼 수 있어요. 들소의 무게 알아맞히기 콘테스트 같은 것을 해서 맞히는 사람에게 상품으로 들소 고기를 주는 거예요. 또는 간단한 복권 같은 것을 만들어 당첨자에게 들소를 줄 수도 있고요."

"그런데 나는 콘테스트를 여는 것과 관련해 법적 사항을 전혀 모릅니다. 분명 관련 법이 있을 텐데요."

세탁소를 운영하는 또 다른 회원이 끼어들어 말한다. "손님 중에 변호사가 있어요. 그가 관련 법을 아는지 아니면 도와줄 만한 사람을 아는지 물어볼 수 있어요. 원한다면 그의 명함을 드릴게요."

목장 주인은 그룹의 다른 회원들이 아이디어를 낼 때 귀 기울여 든는다. 조언을 받아 적는다. 그에게 주어진 15분이 끝나자, 회원들에게 감사하다고 말한다.

다음 회원이 15분간 말하기 시작한다. "나는 지금 소설을 쓰고 있어요. 잘되고 있지만 때때로 내가 하는 일에 대해 의심이 들어요. 그만두고 진짜 일자리를 얻어야 할까? 내야 할 각종 고지서가 있고, 소설이 성공하리라는 보장도 없잖아요. 시간을 낭비하는 건 아닌지 모르겠어요. 자기 회의에 젖은 채 글을 쓴다는 건 일종의 고문 같아요."

그녀는 몇 분 더 이야기를 했지만, 불평만 하느라 주어진 시간을 다 쓰고 있었다. 마스터마인드 그룹은 도움을 요청할 때 가장 잘 진행된다. 마스터마인드 그룹 회원들이 안내서로 삼는 책 가운데 하나가 조 비테일의 『돈을 유혹하라』이다. 그 책에서 첫 단계는 당신이 원하지 않는 것을 말하기이다. 이 여자는 바로 그것을 하고 있었다. 그러나 두 번째 단계, '당신이 원하는 것을 선언하라'로 이동할 필요가 있다. 진행자가 이때 끼어들어 도움을 준다. "당신이 원하지 않는 것에 대해 들었습니다. 그렇다면 당신이 원하는 것은 무엇인가요? 우리가 도움을 줄 수 있을 겁니다."

포부 있는 소설가는 잠시 생각한 뒤 말한다. "나는 걱정이나 방해 없이 소설을 쓰고 싶습니다."

"그것을 긍정적인 방식으로 말해 볼 수 있겠어요?"

만나라 그러면 부자가 되리라

"즐겁게 집중해서 소설을 쓰고 싶어요. 가능한 한 빨리 완성해서 출판사를 찾고 싶어요."

여자가 자신의 목표를 말할 때 모든 사람이 그룹 내 에너지가 바뀌는 것을 느낀다. 또 다른 회원이 제안한다. "작가들은 글 쓰는 시간을 정해 놓는다고 들었어요. 아침 또는 밤늦은 시간이 될 수 있죠. 당신에게 맞는 시간을 찾아 정해 놓고 쓰세요. 걱정할 시간도 따로 정해 놓으면 좋을 것 같아요. 예를 들면 걱정하는 건 좋지만 오후 3시에 하라고 스스로에게 말하세요."

소설가를 포함해 모든 사람이 요점을 이해한다. 그녀는 목표를 추구하는 동안 절도 있는 생활을 해야 한다. 그녀의 15분이 끝나기 전, 들소 목장 주인이 놀라운 제안을 한다. "누구에게도 말한 적은 없지만 사촌 중에 소설가가 있어요. 소설 몇 권을 출판했어요. 나는 들소들을 돌보느라 한 권도 읽어본 적은 없지만요. 그의 전화번호를 알려 줄까요? 어쩌면 그에게 에이전트가 있을지도 몰라요."

소설가가 활짝 웃으며 말한다. "네! 그 정보에는 돈을 지불하고 싶군요. 제게 그만한 돈이 있다면 말이죠."

"이 정보는 무료입니다." 목장 주인이 말한다.

마스터마인드 그룹 안에서 정보 교환은 무료로 이루어진다. 멤버들은 서로 돕기 위해 존재한다. 물론 그룹 내 멤버가 다른 멤버의 상품이나 서비스를 구매하길 원할 때 할인해 줄 수는 있다. 그러나 정보 교환은 서로 지지하는 의미에서 무료로 이뤄진다.

또 다른 멤버가 이야기할 준비를 한다. "나는 살을 빼려고 합니다." 마스터마인드 그룹은 보통 사업 성공에 초점을 맞추지만 때때로 멤버들은 그 외에도 성공하고 싶은 분야의 문제를 내놓기도 한다. 담배를 끊거나 애인을 구하거나 건강해지기 위해 도움을 요청하는 일이 드물지 않다. 여기서도 그룹 내 합의에 따른다. 이 가상의 그룹에서 남자는 건강해지기 위해 조언을 구한다.

몇 분간 그의 이야기를 들은 뒤 한 멤버가 중요한 질문을 한다. "다음번 모임 때까지 목표에 도달하기 위해 무엇을 할 것인가요?"

과체중인 남자는 잠시 생각한 뒤 대답한다. "오늘 다이어트 방법을 조사해서 마음에 드는 한 가지를 택할 겁니다. 내일 아침에 그 방법으로 다이어트를 시작해 다음 모임 때까지 최소 1파운드를 감량하겠어요."

멤버들 모두가 반응한다. 남자의 명확한 목표는 성취 가능해 보이고, 목표를 말하는 남자도 신뢰할 만하다.

마스터마인드 그룹 모임에서 멤버들이 다음 모임까지 무엇을 할 것인가 말하는 것은 중요하다. 모임에서 공개적으로 말함으로써 멤버들은 방향을 얻고 다른 멤버들의 지지를 받으며 책임감을 갖는다. 목표를 말하는 데는 단 1분이면 족하다. 이후 목표는 그룹 멤버들의 피드백을 듣고 다듬어져 성공으로 가는 강력한 확언이 된다.

만나라 그러면 부자가 되리라

이 가상 모임은 계속돼 모든 멤버가 각자 15분씩 자기 이야기를 나눈다. 공식 모임이 끝나도 사람들은 더 머물며 교제할 수 있다. 그러나 보통은 바쁜 일정 때문에 떠나는 경우가 많다.

모임의 형태는 다양할 수 있다는 사실을 기억하라. 가령 체중 감량만을 목표로 할 수도 있다. 조는 그런 성격의 마스터마인드 그룹에 참여해 80파운드를 감량했다. 그 그룹의 이름은 '체중 조절을 위한 정신적 강인함 학원The Mental Toughness Institute for Weight Control'이었다. 확실히 한 가지 결과에 집중한 그룹이었다.

이 그룹은 매주 수요일 정오에 전화로 모임을 진행했다. 15명이 참여했다. 그들은 미국 전역과 심지어 영국에서 전화했다. 이 마스터마인드 모임에서 진행자는 모임을 정시에 시작해 정시에 끝내도록 확실히 하고, 진행이 유지되도록 노력했다.

진행자는 사람들에게 전화를 걸어 그들이 어떻게 하고 있는지 묻고, 만일 다이어트나 운동을 게을리했다면 지적했다. 다시 말하지만 당신의 마스터마인드 그룹은 당신이 원하는 어떤 성격의 그룹도 될 수 있다. 지적하는 말조차 감정적이지 않다. 논쟁하는 것과 목표에 대해 직설적인 질문을 하는 것은 다르다. 모든 마스터마인드 그룹은 지지하는 마음이 중심이다.

조가 속한 체중 감량 마스터마인드 그룹은 유료였다. 물론 모든 그룹이 그렇지는 않다. 이것 역시 당신이 결정할 사항이다. 웜벌리 그룹 같이 내가 참여한 그룹들은 무료이다. 유료로 할 수 있지만 우리가 만든 그룹은 아니다. 어떤 것에도 비용을 들일 필요가 없다. 우리는 어떤 지출도 하지 않는다. 식당의 모임 공간도 무료이고, 멤버들 각자가 자기 음식값을 지불한다.

거듭 말하지만 마스터마인드 그룹은 당신이 원하는 어떤 형태든 취할 수 있다. 체중 감량 마스터마인드 그룹은 한 가지에 확실히 집중했다. 물론 그룹은 열려 있었지만(당시 조의 21세 된 아내가 사망했을 때 그룹 내 모든 멤버가 그의 정서적 회복을 도왔다.), 체중 감량이라는 하나의 목표를 위해 모였다.

조와 내가 참여하는 윔벌리 그룹은 성격이 더욱 열려 있어서 사업적 목표나 관계적 목표, 건강 목표 등 멤버들이 원하는 무엇이든 나눈다. 다시 말하지만, 마스터마인드 그룹은 당신이 원하는 무엇에든 중점을 두고 만들 수 있다.

모임에서 멤버들은 각자 15분 내외로 시간을 가질 수 있다. 우리는 2005년 12월 조의 생일을 축하하기 위해 그의 집에서 모였다. 그날은 생일 파티를 하기 위해 각자 단 5분 동안만 자기 이야기를 하기로 정했다.

우리는 각자 적어도 20분씩 이야기하는 것에 익숙했지만 조가 시간을 쟀고, 모두 시간제한을 알고 있어서 5분 이내에 자신의 이야기를 끝냈다. 시간제한에 동의하면 그 시간 안에서 할 수 있다.

모든 마스터마인드 그룹은 서로 다른 삶을 사는 다양한 사람들이 모여 서로를 지지한다는 본질을 갖고 있다. 사람들마다 살아

온 배경이 다 다르기 때문에 당신은 다음 해법이 어디시 나올지 또는 어떤 모습일지 결코 예측하지 못한다. 그리고 여럿이 모인 집단이기 때문에 한 개인의 에너지보다 훨씬 강력한 에너지가 작용한다.

이것이 마스터마인드 그룹의 마법이다.

이제 당신의 마스터마인드 그룹을 어떻게 시작할 수 있는지 설명하겠다.

마스터마인드 그룹,
어떻게 시작할 것인가

"모이는 것은 시작이고, 모임을 유지하는 것은 발전이며,
협력해 일하는 것은 성공이다."

- 헨리 포드Henry Ford

자문위원회 마스터마인드 그룹

앞에서 언급했듯 나폴레온 힐의 『생각하라 그러면 부자가 되리라』를 백 번쯤 읽은 빌 해리스는 조에게, 대부분의 마스터마인드 그룹은 하나의 분명한 목표가 없으므로 진정한 마스터마인드 그룹이 아니라고 말했다. 또한 마스터마인드 그룹의 개념을 처음 창안한 사람은 앤드루 카네기도, 나폴레온 힐도 아니다.

그러므로 무엇이 '진정한' 마스터마인드 그룹이라고 누가 말할 수 있겠는가? 그리고 하나의 정해진 목표를 갖는 것이 꼭 필요한 일일까?

나폴레온 힐은 앤드루 카네기를 처음 인터뷰했을 때, 부를 이룬 비결이 무엇인지 물었다. 카네기는 성공 비결을 주저 없이 마스터마인드 그룹에 돌렸다. 그러고는 여러 지역에 걸쳐 있는 자신의 강철 사업에 고용된 직원 20여 명으로 구성된 그룹에 대해 설명했다. 그들은 카네기 회사의 경영 팀원들이었고, 강철을 생산하고 판다는 하나의 목표를 가졌다.

앤드루 카네기의 마스터마인드 그룹 모델은 확실히 하나의 분명한 목표를 가져야 한다는 사실을 암시한다. 그러나 그가 기술한 그룹은 고용인 그룹으로 마치 미국 대통령을 보좌하는 내각과 같은 팀의 개념이다. 이런 종류의 그룹을 '자문위원회 마스터마인드 그룹'이라고 한다.

자문위원회 모델은 회사나 공동체, 자선 단체에 잘 맞는다. 유명인이나 프로 운동선수, 음악가, 영화배우처럼 수익에서 일정한 비율로 비용을 제공하는 매니저나 대리인, 변호사, 재정 고문을 두는 사람들에게도 유용하다.

그렇다면 혼자 일하는 사업가에게는 이 모델이 얼마나 유용할까?

내가 인터넷 마케팅 사업에 도움이 되는 마스터마인드 그룹을 결성한다고 해 보자. 웹디자이너와 프로그래머, 카피라이터, 그래픽디자이너, 그리고 변호사와 회계사 같은 두세 명의 또 다른 전문가가 필요할 것이다.

당신이 사장으로 있다면, 직원들은 자리를 잃을까 두려워서 정직하게 피드백하지 않을 위험이 있다. 그러므로 멤버들을 신중히 선택하고 마스터마인드 그룹의 환경을 조성해 모두가 자유롭고 솔직히 말할 수 있도록 해야 한다.

이런 그룹이 곁에 있다면 매우 유용할 테지만, 사람들이 무엇하러 보상 없는 그룹에 참여하겠는가? 아무 대가를 주지 않고서는 자격 있는 구성원을 찾기란 불가능하다. 또한 보수 문제를 떠나서 만일 구성원 중 몇몇이 개인적 목표를 이루기 원한다면 그들은 그들만의 마스터마인드 그룹을 또 만들 것이다.

그러므로 자문위원회 모델은 분명 마스터마인드 그룹의 자격은 있으나 멤버 개개인의 필요를 충족시키는 데는 부족함이 있다.

만일 당신이 사업을 하는데 자문위원회를 두고 보수를 지불할 수 있다면 반드시 그렇게 하라. 그러나 모든 사람이 자문위원회 마스터마인드 그룹을 둘 만한 위치에 있지 않고, 꼭 그런 마스터마인드 그룹을 원하지는 않을 것이다. 당신이 이런 경우라면 '상호 지원 마스터마인드 그룹'을 생각해 보라.

상호 지원 마스터마인드 그룹

구성원 개개인의 목표를 달성하도록 서로 돕는 모임은 어떻겠는가? 예를 들면 웹디자이너는 사업체를 설립하는 데 도움을 받는 대신 변호사의 인터넷 홈페이지를 개설해 줄 수 있다. 그리고 그룹의 멤버들은 새로운 발상을 위해 브레인스토밍을 하고, 새로운 상품이나 서비스 아이디어에 피드백을 제공할 수 있다.

이런 그룹의 공동 목표는 각 멤버의 목표를 더욱더 추진시키는 것이다. 각 멤버가 말할 차례가 돌아오면 그 시간만큼은 그 멤버의 마스터마인드 그룹이 된다. 모든 사람이 그 멤버가 필요로 하는 것에 집중한다. 그 멤버의 시간이 끝나면 모든 구성원은 다음 멤버에게 다시 집중하고, 이렇게 모든 멤버의 차례가 이어진다.

이것이 우리가 웜벌리 그룹과 앞서 언급한 휴스턴 그룹에서 사용한 모델이다.

또한 흥미롭게도 카네기는 이러한 모델을 이용해 '빅6'라는 마스터마인드 그룹을 시카고에서 결성했다. 이 그룹은 멤버들 개인의 부를 증대하는 목표 외에 다른 공통된 목표는 없었다.

그렇다면 마스터마인드 그룹은 하나의 분명한 목표를 갖는 것이 과연 필수적일까?

최근까지 나는 기본적인 지침에 동의하고 따르기로 한다면 꼭 필요하지는 않다고 대답했을 것이다. 그러나 지금은 그렇다고 확실히 말할 수는 없다.

나는 현재 고(故) 월터 헤일리*Walter Hailey*가 쓴 책을 읽고 있다. 그는 자신이 일하던 보험 회사를 인수할 정도로 수완이 좋은 보험 설계사였다. 책에서 그는 여러 해 전 텍사스에서 순회 영업을 하는 세일즈맨들로 구성된 마스터마인드 그룹을 설명한다.

헤일리의 마스터마인드 그룹은 우리가 윔벌리 그룹에서 했던 것과 비슷한 체재를 따랐는데 한 가지가 달랐다. 헤일리 그룹의 멤버들은 자신의 상품에 더해 다른 멤버들의 상품도 소개한 것이다. 그렇게 함으로써 각 멤버가 영역을 넓혔고, 영업 설득력을 높이도록 서로 도왔다. 또한 거기서 멈추지 않았다.

슈퍼마켓과 다른 소매상들과 협의해 상품 견본을 무료로 제공해 상점에서 선전하도록 했다. 그들은 소매점에서 판매 기법을 연마하면서 컨벤션이나 박람회까지 판매 영역을 넓혔다.

헤일리의 그룹에서 모든 사람은 기본적으로 동일한 수준의 도움을 받았다. 개별 아이디어에 대한 브레인스토밍을 넘어 그룹 전체가 더 나아갈 방법들을 제시했다.

우리 그룹은 그렇게 운영되지는 않았다. 우리 가운데 몇몇은 책을 함께 집필하고(이 책처럼), 공동 사업을 통해 서로의 상품을 자신들의 고객과 회원에게 제공한다. 또 몇몇은 서로의 세미나에 강사로 나간다.

이런 노력은 모두 개인 차원에서 시작한다. 우리는 마스터마

만나라 그러면 부자가 되리라

인드 그룹 차원에서 어떤 상품을 생산하거나 홍보하지는 않는다. 이런 그룹 내 활동으로 어떤 멤버는 다른 멤버보다 더 많이 얻어 가기도 한다.

나는 헤일리 그룹의 방법이 그룹 전체를 위해 가장 효과적이라고 생각한다. 그러나 윔벌리 그룹은 단 하나의 공동 목표를 두고 결성된 것이 아니기 때문에 약간의 변화 없이는 그런 모델을 적용하기는 어려울 듯싶다.

우리 그룹의 구성원들이 지닌 전문지식과 경험은 매우 다양하기에, 구성원들이 그런 변화를 원할지 나는 의문이 든다. 그렇지만 앞으로 내가 또 다른 마스터마인드 그룹을 결성할 필요가 있다면 이 점은 확실히 고려해 볼 사항이다. 당신 역시 참고할 만하다고 생각한다.

어떤 모델이든 매우 효과적일 것이다. 당신의 상황에 맞는 모델을 택해 오늘부터 시작하라. 자문위원회 모델을 선호하지만 잠재적 멤버들에게 보상할 수 있는 형편이 아니라면 상호지원 마스터마인드 그룹으로 시작해 보라. 이 모델로도 엄청난 이득을 얻을 것이다.

그룹의 목표 정하기

마스터마인드 그룹을 결성하면서 먼저 정해야 할 것 중 하나는 개인적으로 무엇을 얻기를 원하는가이다. 가능한 한 구체적으로 정하라. "돈을 더 많이 벌고 싶다." 또는 "유명해지고 싶다."와 같이 모호하게 정하지 말라. 구체적으로 정하라.

당신은 무엇을 원하는가?

마스터마인드 그룹이란 구체적인 목표를 가지는 하나의 집단이다. 만일 당신이 사람들과 만나 그저 명함만 주고받는다면 그 그룹은 지원이나 인맥을 쌓는 단체일 수 있지만 마스터마인드 그룹은 아니다.

조는 '미국 마술사 협회The Society of American Magicians'의 회원이며, 마술사이다. 협회의 텍사스 오스틴 지부에서 마케팅을 하고자 조를 가입시켰다. 이 협회는 정해진 하나의 목표가 있으므로 마스터마인드 그룹으로 분류될 수 있다.

당신의 마스터마인드 그룹을 결성하기 위해서는 구체적인 목표를 정해야 한다. 목표는 또한 그룹에 누구를 초대할지를 직접 겨냥하기 때문이기도 하다.

마스터마인드 그룹을 결성하는 접근법은 매우 다양하다. 카네기의 빅6는 구성원을 모을 때 일부러 동종 업계의 사람들은 피했다. 경쟁자에게 빼앗길 염려 없이 다양한 아이디어를 논의할 목적에서였다.

이 점은 마스터마인드 그룹을 결성할 때 확실히 고려해야 한다. 마스터마인드 그룹은 멤버들에게 비밀이 있어서는 안 된다. 아이디어를 도둑맞을 염려 없이 자유롭게 제시할 수 있게 해야 한다.

우리 윔벌리 그룹은 신뢰도가 매우 높다. 이와 관련해 조 비테일은 이렇게 말했다. "아이디어를 도둑맞을까 봐 걱정하기보다 훔칠 가치가 있는 아이디어를 낼 걱정을 하라." 윔벌리 그룹 안에서 우리는 서로 지지하고 존중한다.

동종 업계에 있는 사람들로 그룹을 결성할 때 생기는 또 하나의 문제는, 구성원들이 모두 늘 하던 방식으로 일을 진행하려는 경향이 보인다는 점이다. 그들은 자신들의 환경 밖에서 해법을 찾으려는 법이 거의 없다. 예를 들어, 세탁업을 하는 사람들로만 그룹을 결성하면 그룹은 항상 동일한 문제를 만나고 동일한 해결책을 제시할 것이다. 그러나 그룹 안에 가령 극장 운영자 같은 아웃사이더가 있다면 그는 상황을 객관적이고 신선한 관점에서 보고 새로운 해결책을 제시할 수 있을 것이다. 주의하지 않으면, 동일한 업계의 사람들로 구성된 그룹에서는 모든 사람이 해결책을 찾기보다 불평만 할 수 있다.

그리고 동종 업계의 구성원들로만 이뤄진 그룹은 고정 관념에서 거의 벗어나지 못한다. 그들은 당면한 문제를 해결하기 위해 불현듯 번득이는 생각이 오는 순간을 기다리기만 한다.

당신이 직면하는 모든 사업상 문제의 해결책은 다른 업계에서 찾을 수 있는 경우가 매우 빈번하다. 서로 다른 업계에서 온 사람들로 구성된 그룹을 통해, 당신은 경쟁사들이 미처 알아내지 못할 효과적인 전략을 쉽게 찾을 수 있다.

당신이 신체 건강의 목적 또는 영적인 문제 토론, 자기 계발을 위해 마스터마인드 그룹을 결성했다면 확실히 이러한 문제는 없을 것이다. 이런 문제는 오직 사업 관련 마스터마인드 그룹에만 해당한다.

그러나 사업 관련 마스터마인드 그룹에서 서로 다른 업종의 멤버들을 선택하면 약점이 생길 수도 있다. 가령 윔벌리 그룹의 구성원은 전부 다 인터넷 마케팅을 한다. 전문 분야가 다 다르기는 해도 겹치는 부분이 많다. 그래서 때로는 아이디어를 공유하는 것이 약간 염려될 때가 있다.

우리는 모두 좋은 친구이며 서로를 신뢰하는데, 이것은 마스터마인드 그룹에서 매우 중요한 요소이다. 그러나 때때로 누군가 아이디어를 하나 내면 다른 구성원들이 거기에 각자 생각을 더해 아이디어가 확장되고 더 좋아질 때 조금 곤란해질 수 있다. 두세 명의 멤버들이 그 아이디어를 가지고 쉽게 자본화할 수 있기 때문이다. 그러면 아이디어의 중요 부분을 낸 사람들은 소유권을 주장하고 싶을 것이다. 그러나 우리 그룹에서는 모든 것이 잘 풀

렸고, 그런 문제로 갈등을 겪은 적이 한 번도 없다.

바로 이 책이 좋은 예이다. 우리는 이 책과 관련해 잠시 논의했지만 다른 프로젝트들에 우선순위를 두었기 때문에 막상 집필하는 데 오랜 시간이 걸렸다. 다른 멤버들은 자신들의 책을 쓰거나 이 책을 홍보하는 데 매우 열심이었다. 그들은 개인 소식지에 우리 그룹에 대해 다뤘고, 구독자들은 많은 질문으로 반응을 보였다. 그러나 우리가 먼저 아이디어를 냈고, 그룹의 신뢰를 생각해서, 멤버들 모두가 책이 완성될 때까지 참고 기다려 주었다.

기다리는 것이 쉽지 않다는 것을 우리는 안다. 만일 우리가 모두 다른 업종에 있었다면 이런 것은 문제가 되지 않았을 것이다. 반면에 멤버들이 동종 업계에 있다는 것은 매우 큰 장점이 될 수 있다.

우리 그룹에서는 멤버들이 수많은 공동 사업을 진행했다. 조 비테일과 내가 『돈 되는 전자책 출판 가이드*The Ultimate Guide to Creating Moneymaking Ebooks*』를, 팻 오브라이언 또한 조 비테일과 함께 여러 권을 저술하는 등 우리는 여러 건의 공동 저술 프로젝트를 진행했다. 그리고 명백히, 당신이 읽고 있는 바로 이 책 또한 조와 함께한 노력의 결실이다.

우리는 또한 멤버들의 상품을 서로 자신의 고객이나 회원에게 선전해 주었다. 이것이 모두에게 이득을 가져다주었다.

마지막으로 공유하는 자원의 측면을 살펴보자. 우리는 웹 호스팅 서비스나 그래픽디자이너, 상품 목록 체계, 소프트웨어 등을 위한 팁들을 교환했다. 아직 해 보지는 않았지만 우리의 공동 구매력을 이용해 다양한 상품이나 서비스에서 가격 할인도 받을 수 있을 것이다.

이런 점들이 그룹 구성원들이 동종 또는 경쟁 업계에 있을 때 얻을 수 있는 장단점들이다. 결국 어떤 종류의 그룹을 결성할 것 인지는 당신에게 달려 있다.

같거나 유사한 업종의 그룹

같은 업종의 종사자들로 그룹을 결성할 계획이라면 같은 시장 에서 다양한 기술이나 분야에서 일하는 멤버들을 찾아라. 일례로 우리 그룹에는 다음과 같은 사람들이 있다.

- 조 비테일은 탁월한 저술가이다. 베스트셀러 저자이자 뛰어 난 카피라이터이며 홍보전문가이다. 인터넷 마케팅 분야에 서 자기 수양과 동기부여, 영성 개발에 주로 집중한다. 또한 아이디어와 광고 문구를 평가하는 능력이 매우 뛰어나다.
- 크레이그 페린의 특기는 목록 만들기와 코칭이다. 그는 아이 디어를 발전시키는 데 아주 능하다. 우리는 새로운 상품에

대한 아이디어를 낼 때마다 항상 그가 그 아이디어를 더 좋게 향상시킬 것을 안다.

- 네리사 오든은 영상 전문가이다. 메이저 영화와 다큐멘터리 분야에서 일했고 세미나 영상을 편집했다. 우리는 홈페이지나 상품을 사용할 때 영상 관련 의문이 생기면 그녀에게 요청한다. 그녀는 마케팅 관련 경험이 적은 만큼 당연히 여기는 것 또한 적다. 그래서 그녀가 우리에게 주는 피드백은 보통 잠재 고객들이 제기할 만한 관찰이나 이의인 경우가 많다. 이것은 매우 값지다.

- 팻 오브라이언은 음향 상품과 전자책 전문가이다. 음악가이자 음반 프로듀서, 레코딩 엔지니어인 팻은 음향에 관한 한 대부분의 웹 마케터보다 훨씬 잘 안다. 그래서 자신의 기술을 바탕으로 한 상품들을 내놓아서 빠르게 성공했다. 그는 거의 항상 고정 관념에 도전한다. 그래서 우리에게 도전을 던지고, 늘 똑같은 옛것이 아닌 독특한 접근법을 제안한다.

- 질리언 콜맨 윌러는 정부 보조금 및 부동산 관련 전문가이다. 또한 심리학 관련 경력이 있고 뛰어난 편집장이다. 기업 세계와 관련해 우리 그룹의 멤버들 가운데서 경험이 가장 많다. 그래서 우리 그룹에 또 하나의 가치 있는 관점을 제공한다.

- 신디 캐쉬맨은 작가이자 코치이며 아이디어의 사람이다.

『남자가 여자에 대해 아는 모든 것』(백지 책)과 『미소의 책*The Book of Smiles*』, 『여성을 위한 인생 레슨*Life Lessons for Women*』, 『커플을 위한 인생 레슨*Life Lessons for Couples*』을 생각해 내고, 여러 가명으로 다수의 책을 집필한 창의력의 천재이다. 열정이 넘치고 영감을 고취하는 사람이다. 그녀는 대부분 사람이 몇 달 또는 몇 년이 걸쳐 해낼 아이디어를 생각해 내고, 몇 주 만에 수익성 있는 사업으로 기획하기도 했다. 그녀가 우리의 아이디어에 주는 피드백은 말할 것도 없고, 그녀의 활동을 지켜볼 수 있다는 것만으로도 매우 값지다.

- 빌 히블러의 장기 중 하나는 홈페이지 자동화나 호스팅, 홈페이지 디자인 같은 인터넷 마케팅 기본에 대한 실제적인 노하우이다. 모든 사람이 기술적 문제가 있을 때 또는 고려 중인 상품이나 서비스에 관해 의견이 필요할 때면 그에게 조언을 구한다. 그리고 비즈니스*MasterSiteReviewer.com*의 일부로 홈페이지를 검토하고, 조와 크레이그와 함께 다른 멤버들의 판매 광고 문안을 검토해 달라는 요청을 종종 받는다. 조와 크레이그 역시 이 분야에서 매우 뛰어나고, 서로 보지 못하는 부분을 포착해 보완한다.

우리 그룹은 전문 분야가 겹치는 경우가 있기는 하지만 다양성 또한 매우 높다. 균형이 잘 잡혀 있다. 여섯 명의 컴퓨터 전문가가 모였다면 아마도 앞으로 나아가기보다 논쟁하느라 더 많은 시간을 보냈을 것이다.

동종 업계의 사람들과 함께 가든, 다양한 업계의 사람들과 함께 가든 다양성이 중요하다. 다양한 배경과 연령대, 성격의 사람들을 찾아라. 당신은 제시한 아이디어에 피드백이 필요하고, 가능한 한 많은 의견을 원할 것이다. 그런데 비슷한 성향의 멤버들을 선택했다면 첫 번째 사람이 내놓은 피드백에 나머지 사람들도 그저 고개를 끄덕이며 동의할 것이고, 당신은 조언을 더 얻지 못할 확률이 크다.

혼성 그룹 또는 동성 그룹

또 하나 생각해야 할 사항은 남녀 혼성 그룹으로 할 것인가 아니면 모두 남성 또는 모두 여성으로만 구성된 동성 그룹으로 할 것인가이다. 이때 다양성이 필요하다는 사실을 기억하라. 나는 차별적 언사를 하려는 것이 아니다. 단지 남자와 여자는 사물을 보는 방식이 종종 아주 다르다. 남녀 모두가 있다면 동성만 있는 그룹에서는 얻을 수 없는 피드백을 받을 수 있다. 만일 남자와 여자 모두를 겨냥한 상품 또는 서비스를 시장에 내놓을 계획이라면 이 점을 염두에 둬라.

한편 남자와 여자는 종종 아주 다른 방식으로 의사소통한다. 이 때문에 몇몇 멤버 사이에 마찰이 생길 수 있다. 잠정적 멤버들의 의사소통 방식이 당신과 맞는지 알아본 뒤 참여 여부를 결정하는 것이 도움 될 것이다. 더 자세한 내용은 질리언 콜맨 윌러의 집단 역학에 관한 부분을 읽어 보라.

두려워하지 말고 성공한 경험자에게도 손을 내밀어라

첫 모임을 가지기 전에 먼저, 각 멤버가 어떠한 전문 기술을 가지고 있는지 조사하기를 제안한다. 목표는 각 멤버가 그룹에 참여함으로써 어떤 기여를 하고, 그룹에서 무엇을 얻어갈 것인지를 아는 것이다. 이 단계에서 도움이 될 무료 테스트 폼이 www.MeetAndGrowRich.com에서 제공된다.

한편 당신보다 더 높은 위치에 있는 사람들에게 접근하는 것을 두려워하지 마라. 초보자와 이미 어느 정도 성공한 경험자 중 어떤 사람에게서 더 많이 배울 수 있을 것 같은가? 당연히 후자이다.

사람들은 보통 자신보다 높은 위치에 있는 사람에게 접근하기를 두려워한다. 경험이 더 많은 사람은 그룹에 들어오는 데 흥미가 없을 것이라고 추정한다. 이런 실수를 하지 마라. 당신은 그룹

만나라 그러면 부자가 되리라

을 결성하느라 수고를 하고 있으니, 이미 중요한 기여를 하는 것이다. 더욱이 성공한 사람을 모임에 데려온다면 다른 사람들은 쉽게 끌어모을 수 있다.

처음 오스틴 그룹을 시작했을 때 나는(빌) 조 비테일에게 참여 요청을 하지 않았다. 나는 상대적으로 경험이 적고 조는 인정받는 구루였기에 우리 그룹에 참여하는 데 관심이 없을 것이라 생각했다.

오스틴 그룹이 잘되지 않을 때 네리사가 나에게, 웜벌리에서 그룹을 결성하면 조가 들어올 것이라고 말해 주었다. 나는 조가 들어온다는 말에 흥분되었다. 조가 참여한다는 사실은 오스틴처럼 멀리 사는 다른 멤버들을 모으는 데 도움이 되었다.

그런데 잊지 말아야 할 사실이 있다. 조 역시 이 그룹에 들어오는 것에서 몇 가지 이득을 예상하지 못했다면 가입하지 않았을 것이다. "나는 사무실에서 좀 더 자주 밖으로 나와 다른 사람들과 브레인스토밍을 하며 사회적 관계를 맺는 시간이 필요했네. 또한 다른 사람들이 날 돕고 나도 다른 사람들을 어떻게 도울 수 있는지 알고 싶었고. 그러던 터라 가입 요청을 받아 무척 기쁘고 기분이 좋았네."라고 조가 나중에 말해 주었다.

그러므로 그룹에 함께하고 싶은 사람이 있다면 누구든 제외하지 마라. 누가 들어오고 싶어 할지 아무도 모르는 일이다.

멤버는 5~6명이 이상적

휴가 계획이나 주택 리모델링을 위한 마스터마인드 그룹이라면 대여섯 커플이 좋을 것이다. 대부분의 그룹들은 대여섯 명의 구성원이 이상적이다. 이보다 멤버가 많으면 모임 시간이 너무 길어질 수 있다.

각 멤버가 20분씩 발언 시간을 갖고 구성원이 여섯 명이라면, 구성원 전부가 자기 이야기를 하는 데 총 2시간이 걸린다. 모임을 시작하고 중간에 잠깐 휴식 시간을 갖고, 마무리하는 시간으로 30분이 추가될 것이다. 그러면 한 번 모임에 두 시간 반이 걸린다. 이 시간을 초과하면 너무 길다. 특히 매주 모인다면 말이다. 그러므로 구성원이 여섯 명 이상이라면 각 멤버에게 할애하는 시간을 10분에서 15분으로 제한하기를 권한다.

반면에 구성원이 다섯 명 이하라면, 한두 명의 멤버가 모임에 빠지는 경우 모임이 비생산적이 된다. 그러면 모임이 취소되거나 멤버들이 탈퇴할 가능성이 생긴다.

당신이 최종적으로 원하는 인원수보다 더 많은 멤버로 그룹을 시작할 필요도 있다. 웜벌리 그룹은 현재 멤버가 여섯 명이지만 가장 많을 때는 10명이었다. 시간이 흐르면서 한두 명의 멤버가 참석하기 어려워지거나 그룹이 자신들에게 맞지 않다고 결론지을 수도 있다.

윔벌리 그룹 초기에, 한 달에 두세 번씩 모임에 빠지는 멤버들이 있었다. 그래서 한 주는 세 명이, 그다음 주는 아홉 명이 모임을 하기도 했다. 많은 멤버가 여러 주 동안 모임에 빠져서 그동안 놓친 것을 만회시키느라 때때로 모임이 4시간 걸린 때도 있었다.

우리는 그룹이 와해되는 것을 막기 위해 그룹 인원을 확고히 헌신할 여섯 명으로 줄이겠다고 선언했다. 모든 멤버에게 정기적으로 출석하든가 다른 사람에게 자리를 내주라고 요청했다. 처음에는 약간 어색했지만 결국 꾸준히 참석하는 멤버들로 이뤄진 강력한 그룹이 되었다.

당신이 처음에 할 수 있는 또 한 가지 방법은 함께 마스터마인드 그룹을 결성할 한 사람을 찾는 것이다. 한 명의 파트너와 잘 지내고 신뢰감을 쌓아라. 그리고 서로 편해지면 세 번째 멤버를 함께 찾아 동일한 방식으로 접근한다. 세 번째 사람과도 잘 맞고 신뢰감이 생긴다면 셋이서 또 네 번째 멤버를 찾는 것이다. 이런 과정을 계속하면서 한 번에 한 명씩 멤버를 더해 이상적인 인원을 채우면 된다.

이런 방법으로 하면 결속력이 강한 마스터마인드 그룹을 결성할 가능성이 높지만 새 멤버가 들어올 때마다 그룹의 진행 단계가 조금 후퇴할 것이다. 이것은 모든 마스터마인드 그룹이 통과하는 '서로 알아가는 단계'가 필요하기 때문이다. 예를 들어 세 명의 멤버는 여러 주 동안 모임을 가지면서 신뢰하는 단계로 발전해 서로 편하게 정보를 공유할 수 있게 된다. 새로운 멤버가 들어오면 옛 멤버들은 이전과 같은 편안함을 느끼지 못한다. 그러나 멤버 모두가 새 멤버와 편안함을 느끼게 되면 다시 신뢰 관계가 형성된다.

잠정 멤버에게서 봐야 할 자질

마스터마인드 그룹 멤버로는 무엇보다도 동기부여가 확실히 되어 있고 목표 지향적이며 긍정적인 사람들을 원할 것이다. 불평이 많고 감정적 지원을 더 원하는 사람들은 피하라. 그들은 그룹의 힘을 계속 소모하기만 할 것이다.

그렇다고 해서 마스터마인드 그룹이 지원하는 성격이 없다는 뜻은 아니다. 지원 단체의 성격을 가질 수 있다. 우리의 마스터마인드 그룹도 분명 그렇다. 그러나 누구나 기회가 왔을 때 말만 하고 행동은 취하지 않는 사람들을 끌어들이고 싶지는 않을 것이다.

시간이 지나면 때때로 마스터마인드 그룹이 치료 단체 비슷하다는 느낌을 받을 수 있다. 그것은 멤버들이 서로를 알고 신뢰가 쌓이면 자연스럽게 나타나는 현상이다. 우리는 한 해를 함께하면서 모임을 통해 각 사람이 겪는 다양한 위기들을 다루면서 모두 도움을 받았다.

만나라 그러면 부자가 되리라

그러나 나는 부정적 성향의 한 사람이 좋은 그룹을 완전히 망가뜨리는 상황을 직접 경험하기도 했다.

여러 해 전 나는 휴스턴 지역의 음악계를 발전시킬 목적으로 결성된 한 단체에 참여했었다. 모임 때마다 회원들은 자신들의 온갖 문제에 대해 불평하고 남을 탓하기만 했다.

그 단체의 리더 중에 좋은 사람도 몇 있었지만 한 사람은 징징거리기만 했다. 다른 사람들이 어떤 제안을 해도 대부분 부정적으로 받아들였다. 그 사람은 음악 산업의 현실에 매우 분노했다. 환경에 순응하거나 환경을 개선하려는 대신 피해자 행세를 하고 남을 비난했다. 설상가상으로 거나하게 술에 취한 채 나타나기도 했다.

그 사람이 있으면 단체 내 화합이 이뤄지지 않았다. 결국 그 회원을 모임에서 내보내기 위해 다소 극단적인 조치를 취했다. 그렇게 하고 나자 단체는 변화되었고, 매우 긍정적인 일들이 생겼다.

따라서 나는 멤버들을 신중히 선택하고, 새 멤버를 가입시킬 때 수습 개념을 적용하기를 강력히 권한다. 부정적인 성향의 사람은 몇 번 전화 통화만 해 봐도 알아챌 수 있다. 그렇지 않더라도 적어도 첫 모임 후에는 분명히 알 수 있다. 부정적인 사람을 받아들이지 마라.

자기 경력에서든 사업에서든 또는 다른 영역에서든 발전하고자 열렬히 원하는 사람들을 찾아라. 아직 목표를 명확히 정하지 못했어도 괜찮지만, 어떤 행동도 취하지 못할 정도로 두려워하는 사람은 안 된다.

반면에 당신이 재능은 있지만 자신감 문제로 고심한다면 지원 성격이 강한 그룹을 만드는 것이 좋다. 또한 당신이 개인적으로 압박감을 느끼는 문제와 관련해 상담가나 코치를 찾아가는 것도 고려해 보라. 미루는 경향이 있는 사람과 성취 욕구가 큰 사람이 조화를 이루기란 어렵다. 성취 욕구가 큰 사람들은 미루는 사람들에 대해 인내심을 잃을 것이고, 반대로도 마찬가지이다.

때로는 이 두 가지 다른 유형의 사람들이 함께 일할 수도 있지만 충돌하기 쉽다. 어떤 그룹에서는 맞을 수 있고 또 어떤 그룹에서는 맞지 않는다. 나의 오스틴 그룹에서는 맞지 않았다.

나는 네리사를 오스틴 그룹에서, 팻을 휴스턴 그룹에서 데려와 함께 웜벌리 그룹을 결성했다. 첫 그룹이 잘되지 않는다면 잘 맞는 몇 명의 멤버들과 함께 한두 사람을 더 구해서 새로운 그룹을 만들어라.

멤버들을 어디서 찾을 것인가?

체중 조절이나 취미 생활, 집 리모델링 같은 개인적 목적을 위한 마스터마인드 그룹을 결성하려 한다면 멤버 구하기가 어렵지 않다. 친구들이나 이웃들과 시작해 보라.

당신이 함께 그룹을 만들 사람을 한두 명만 알고 있다면 그 사람들에게 그룹에 들어올 만한 사람을 아는지 물어보라. 그룹 결성에 관심을 가진 사람을 최소한 한 사람이라도 찾는다면 또 다른 멤버들을 찾기가 훨씬 쉬워진다. 백지장도 맞들면 낫다고 하지 않는가.

직장이나 학교, 교회, 헬스클럽, 상공회의소 등 당신이 속한 어떤 단체에서든 사람들을 끌어올 수 있다.

멤버를 구한다는 광고를 낼 수도 있다. 일반적으로 주간지나 연예지가 좋다. 소규모 비즈니스 네트워킹 팀 또는 마스터마인드 그룹을 결성할 계획이라고 광고하면 된다.

Ryze.com이나 Meetup.com, Yahoo groups 같은 네트워킹 사이트를 이용하여 온라인으로 멤버들을 구하는 방법도 많다. 우리도 이 책을 탈고하면 마스터마인드 그룹을 만들고 잠정 멤버들을 찾는 데 도움을 주는 MeetAndGrowRich.com이라는 홈페이지를 시작할 것이다. 당신의 마스터마인드 그룹을 만들 때 이 사이트가 첫 방문지가 되길 바란다.

또한 건강이나 마케팅, 비즈니스 등 당신이 생각하고 있는 어떤 유형이든 '포럼'이나 '그룹'이라는 단어와 함께 넣어 인터넷 검색을 해 볼 수도 있다. 이렇게 하면 당신이 원하는 온라인 게시판이나 토론 그룹을 많이 발견할 것이다.

다음은 내가 처음으로 인터넷 마케팅 마스터마인드 그룹을 결성하기 위해 온라인 멤버십 포럼에 올린 광고이다.

텍사스주 오스틴 지역에 멤버들이 있나요?
네트워킹 그룹을 결성해 아이디어 등을 교환할 오스틴/샌마르코스 지역에 사는 인터넷 마케터를 찾습니다. 관심이 있다면 이 게시물에 답글을 다시든가 저에게 이메일을 보내 주십시오.

이 광고로 좋은 지원자를 단 한 명만 구했지만, 그녀가 세 명의 다른 사람들을 데려왔다. 광고를 내는 방법의 단점은 전혀 모르는 사람들을 상대해야 한다는 것이다.

잠정 멤버들을 직접 대면하기 전에 먼저 전화로 걸러 내라. (인터뷰할 때 도움이 되는 대본 예시는 MeetAndGrowRich.com에 있다.) 또한 적어도 처음 두 번의 모임은 커피숍이나 식당 같은 공공장소에서 하기를 권한다.

비즈니스 그룹의 경우, 먼저 당신이 이미 아는 사람들의 목록을 만들어라. 당신과 대화하는 각 사람이 또 다른 잠정 멤버 두세 명을 끌어들일 수 있다. 그러므로 항상 그들에게 마스터마인드 그룹에 들어오는 것에 관심 가질 만한 사람을 아는지 물어보라.

당신의 거래처 사람들도 도움이 될 수 있다. 특히 동종 업계 사람들로 그룹을 결성할 때는 말이다. 다른 업계에서 좋은 멤버들을 찾을 때도 도움이 될 수 있다.

당신이 거래하는 은행가, 회계사, 변호사를 비롯해 각 분야 전문가들이 역시 좋은 자원이 된다. 당신이 사는 지역의 신문에서 비즈니스 섹션도 참고하라. 신문에서는 성공한 지역 사업가들의 이야기를 종종 다룬다. 그들을 당신의 그룹에 들어오라고 초청하면 어떻겠는가?

또 하나의 매우 좋은 접근법은 사업 영역은 완전히 다르지만 고객층을 공유하는 업계에서 사람을 찾는 것이다. 예를 들어 당신이 세탁업을 한다면 당신의 고객들이 그 지역에서 이용하는 또 다른 서비스나 상품으로 무엇이 있겠는가? 목록을 작성해 보자.

· 세차/차 수리업

· 카펫 세탁업

· 비디오 대여점

· 잡역부 서비스

· 식당

· 슈퍼마켓

· 배관공

· 이삿짐센터

· 피자 배달업

· 미용실

· 헬스클럽

· 부동산 중개업

나는 지금 당장 단 열두 가지가 떠오르지만 당신은 이보다 더 많이 찾을 수 있을 것이다.

이제 당신이 이 열두 가지 중 여섯 업종의 사람들과 마스터마인드 그룹을 결성한다고 생각해 보자.

당신의 고객들에게 같은 그룹의 멤버인 카펫 세탁업자를 추천하는 편지를 보낸다면 어떻겠는가? 카펫 세탁업자는 고객들이 당신을 언급하거나 쿠폰을 사용하면 특별 할인을 제공할 수 있다. 이렇게 하면 카펫 세탁업자가 쿠폰 메일을 보내는 것보다 훨씬 더 효과적인 광고가 될 수 있다.

물론 카펫 세탁업자는 이에 대한 답례로 당신의 사업을 선전해 주는 비슷한 편지를 보낸다. 그룹 내 각 멤버가 이와 비슷한 교환을 할 수 있다. 이 방법으로 얻을 수 있는 추가 수익을 생각해 보라.

이것은 이런 유형의 마스터마인드 그룹을 통해 할 수 있는 한 가지 예시일 뿐이다.

멤버를 어디서 구하든, 어떤 유형의 그룹을 결성하기를 원하든 당신은 다양한 성향의 사람들을 만나게 될 것이다.

당신이 멤버들을 신중히 선택하지 않으면 또는 사람을 대하는 기술이 뛰어나지 않으면 마스터마인드 그룹이 성공할 가능성은 제한될 수 있다. 관리하기 힘든 단체가 될 수 있다.

이런 문제들을 피하는 방법을 알고 싶지 않은가? 다음 장에서 알려 주겠다.

멤버 영입 시 필요한
9가지 성향 분석

"각각의 멤버가 자기 자신에 대해 확신을 갖고 다른 멤버들의 능력을 칭찬할 때 그룹은 하나의 팀이 된다."

- 노먼 시플*Norman Shiple*

한 유명 인터넷 마케터가 역사적인 마스터마인드 그룹 하나를 결성했다. 그는 대규모 조직을 결성해 멤버들을 작은 소그룹으로 나눠서, 한 그룹에 멤버가 여섯 명을 넘지 않게 했다. 그러나 그는 사람들의 성향을 고려하는 데는 실패했다.

이 조직에서 나온 첫 마스터마인드 그룹의 멤버 중 한 명은 관리 능력이 매우 좋았다. 그는 자신의 목적을 이루기 위해 그룹을 이용해서 사람들을 다양한 단계의 마케팅 프로그램에 나눠 넣었다. 원래 조직은 이것을 비롯해 여러 가지 판단 실수 때문에 와해

했다. 사람들의 성향을 좀 더 알았다면 이런 문제를 예방할 수 있었을 것이다.

당신은 마스터마인드 그룹을 포함해 어떤 모임에서든 만나는 사람들의 다양한 성향을 알고 싶을 것이다. 당신의 그룹은 지원 단체의 특성을 띠어야 하므로 부정적인 요소는 어떤 것이든 배제해야 한다. 당신이 앞으로 만나게 될 사람들의 성격 유형 몇 가지를 살펴보겠다. 다음은 에니어그램*Enneagram*에 기초했다.

에니어그램은 현재 사용되는 성격 유형 체계 중 최신에 속하고, 심리적 동기를 강조한다. 최초 기원은 명확하지 않지만 많은 치료사와 심리학자들이 고객들을 더욱 잘 이해하기 위해 변형해 사용하고 있다.

개혁가

개혁가는 지시하려고 할 것이다. 모든 일을 정확한 방법으로 하는 데 중점을 둔다. 물론 어떤 일을 성취하는 데 '정확한 방법'이란 없다. 마스터마인드 그룹의 특징은 모든 가능성에 열려 있다는 것이다. 어떤 일을 하는 데 단 하나의 방법만 있다면 마스터마인드 그룹은 필요하지 않을 것이다.

개혁가의 신념 체계에는 대체로 두려움이 흐른다. 개혁가 성향의 사람을 만난다면 당신의 마스터마인드 그룹이 안전과 지원을 주는 그룹이라는 확신을 주라. 개혁가는 일반적으로 잘못된 일을 하는 것을 두려워한다. 그들은 마스터마인드 그룹에 잘못된 것이 없음을 이해한다면 안심할 것이다.

돕는 사람

돕는 성향의 사람은 모든 사람을 돕고자 한다. 이런 마음은 틀린 게 아니지만 그룹을 잘못된 길로 이끌 수 있다. 돕는 성향의 사람은 다른 말로 하면 사랑받고자 하는 욕구를 가진다. 그룹 내 사람들에게 사랑받지 못할 것이라는 두려움을 갖고 있다. 이런 사람은 사람들에게 사랑받기 위해 대화를 주도하고 시간을 더 쓰려고 할 수 있다.

거듭 말하지만, 돕는 성향의 사람을 포함해 그룹 내 모든 사람에게 그들은 모두 마스터마인드 그룹에 초청받았고 사랑받고 있으며, 그들이 할 일은 서로 돕는 것이라는 확신을 주어라.

동기부여가

동기부여가는 모든 사람의 기운을 북돋운다. 그들은 적어도 자신의 마음속에서는 코치 또는 치어리더이다. 존경받기를 원하고, 거절당하는 것을 두려워한다. 인정받고자 하는 헛된 시도로 그룹 내 모든 멤버를 격려하며 지배하려고 할 수 있다. 이것은 잘못된 일은 아니지만 그룹의 에너지에 불균형을 초래할 수 있다.

동기부여가 성향의 사람을 대할 때는 마스터마인드 그룹이 경쟁 관계가 아니라는 확신을 주어라. 아무도 지나치게 격려할 필요가 없다. 모든 멤버가 편안히 느낄 정도로만 격려하고, 또 서로서로 격려하면 된다.

낭만주의자

낭만주의적 성향이 있는 사람은 마음이 따뜻하고 예민하며 감성적이다. 칭찬을 많이 하고, 자신 역시 칭찬받기 위해 애를 쓴다. 이런 성향의 사람들의 문제는 고립과 외로움을 느끼는 어두운 시간을 경험할 수 있고, 마스터마인드 그룹을 치료의 수단으로 의지할 수 있다는 것이다. 분명 이는 대부분의 마스터마인드 그룹의 목적은 아니다. (물론 이런 목적의 마스터마인드 그룹도 있을 수 있다.)

낭만주의자들은 종종 다른 사람들에게 결점을 보이는 것을 두려워한다. 그룹을 인정받기 위한 곳으로 여길 수 있다. 마스터마인드 그룹의 모든 멤버를 동등하게 대하고, 그들이 현재 모습 그대로 완전한 사람이라는 확신을 주어야 한다. 마스터마인드 그룹은 사람들이 발전하고 성취하도록 돕는 곳이지 성격상의 결함을 고쳐 주는 곳이 아니다.

사색가

마스터마인드 그룹은 사색가 유형의 사람들을 끌어당긴다. 이유형의 사람들은 세상을 분석하고 이해하는 것을 추구한다. 이들은 세상에 휩쓸리는 것을 남몰래 두려워한다. 그래서 행동하기보다 생각하느라 시간을 더 많이 쓴다.

모든 마스터마인드 그룹은 무언가를 성취하는 데 초점을 둔다. 그러기 위해서 대체로 어느 수준에서는 행동을 취해야 한다. 각 멤버에게 자발적이든 의무적이든 매주 행동을 취하도록 요구하는 것이 좋다. 이렇게 하면 사색가 유형의 사람들이 균형 잡힌 행동가 유형으로 바뀌도록 도울 수 있다.

회의론자

회의론자들은 '정신적 요새'를 갖고 있다. 이들은 세상에 대해 대체로 회의적이기 때문에 모임에 거의 열중하지 않는다. 버림받는 것을 두려워하고, 깊은 내면이 매우 불안정하다.

당신은 회의적인 사람이 그룹에 들어오는 것을 원하지 않을 것이다. 아이디어의 타당성을 도출하는 데 건강한 어느 정도의 비판적 사고는 좋지만 전적으로 회의적이기만 한 사람은 그룹의 추진력을 파괴할 수 있다. 그룹 안에 이런 성향을 보이는 멤버가 있다면 그의 아이디어가 환영받는다는 확신을 주어야 한다. 그러면 거절에 대한 두려움을 없애고 회의적인 사고를 줄일 수 있다.

열정가

열정적인 멤버는 행복하고, 새로운 것에 열려 있다. 늘 기쁘고 기분이 고조된 상태에 있기를 원한다. 이러한 점 역시 문제가 될 수 있다. 열정가 성향의 사람들은 세상을 탐험하는 기분을 느끼지 못하면 안절부절못하고 우울해한다. 이것이 그룹이 분열되는 원인이 될 수 있다. 열정가 성향의 사람들은 현재 하는 프로젝트를 완전히 마치기 전에 다음 일에 뛰어드는 것을 자제할 필요가 있다.

지도자

지도자 유형의 사람들은 보이는 모습 그대로이다. 그들은 강력하고 독립적이며 자립적이고자 하는 갈망이 있다. 대신에 타인에게 복종하기를 두려워한다. 자신들의 힘을 타인에게 넘겨주길 원하지 않는다. 그룹 안에서 이런 사람들이 리더십을 발휘한다면 다른 멤버들의 리더십에도 잘 따르는지 지켜봐야 한다.

중재자

중재자 유형의 사람들은 그룹의 연합을 추구한다. 이들은 진심으로 타인을 존중하고 타인에게 마음이 열려 있다. 그러나 분열을 두려워한다. 그룹 내에 조화가 깨지면 이들이 중재하기 위해 그룹을 떠맡을 것이다. 중재자 유형의 사람들은 어떤 그룹이든 연합과 분열의 변동이 있다는 사실을 알아야 한다. 모든 사람을 바꾸려 하는 것은 지혜롭지 못하다. 당신 또는 지명된 조력자

가 멤버들에게 그룹이 의도대로 잘 진행되고 있음을 확신시켜 줘
야 한다.

그룹 모임은
어떻게 진행하나

"그룹에 대한 멤버들의 충성심이 클수록 동기부여가 커지고, 그룹의 목표를 성취할 가능성도 커진다."

- 렌시스 리커트*Rensis Likert*

얼마나 자주 만나야 하는가

매주 만나는 그룹이 있고 격주로 만나는 그룹이 있었다. 우리는 매주 만나는 것을 선호한다. 그래야 일관성이 유지된다. 그런데 격주로 만나면 이전 모임 이후의 상황을 재점검하느라 시간을 많이 보내게 된다. 게다가 모임에 빠진 멤버들은 한 달 동안의 상황을 모르게 된다. 한 달은 너무 길다.

그러나 한 달에 한 번 모이지만 매우 성공적인 그룹이 있다는 이야기를 들었다. 또한 한동안은 매주 만나다가, 일정에 제한이 생기면 모임 횟수를 줄여 나갈 수 있다.

또 하나의 대안은 매주 모이지만 직접 만나는 대면 모임과 전화 회의를 번갈아 가며 하는 것이다. 이 방법은 매주 모이기 부담될 때 좋은 해결책이다.

어디서 모이는가

마스터마인드 그룹 모임 장소로는 두세 시간 동안 편하게 앉아 있을 수 있는 조용하고 사적인 공간이 좋다. 멤버 모두가 안전하고 편리하게 주차할 공간이 있는 장소를 선택하라.

나는 휴스턴 그룹 모임을 운 좋게도 내 사무실 빌딩 내, 안락한 의자와 밝은 조명이 갖춰지고 음료가 제공되며 화장실이 있는, 회의실에서 했다. 조용하고 사적인 공간이었다. 멤버들 중에 이런 공간을 제공할 수 있는지 확인하라.

오스틴 그룹은 카페에서 모였다. 카페는 편안하기는 했지만 마스터마인드 회의 장소로는 이상적이지 않았다. 먼저, 사적인 공간이 아니었다. 모르는 사람들이 우리의 말소리가 들릴 정도로 가까운 자리에 앉는 경우가 빈번했고, 카페에 손님이 많을 때는 여섯 명을 위한 단체석을 찾기 힘들었다. 또한 대체로 매장 안의 음악 소리가 상당히 시끄러웠다.

그러나 카페를 모임 장소로 할 때 가장 안 좋은 이유는, 아마도 비즈니스 회의 장소로 하기에 너무 비격식의 분위기이다. 멤버들이 늦게 오고 일찍 떠나는 경우가 잦았다. 모임에 20~30분 늦게 오는 사람들이 있었고, 그들이 도착해 다른 멤버들과 모두 인사하는 동안 회의는 멈춰지곤 했다. 그리고 새로 온 사람들이 커피를 시키고 오도록 기다리고, 그들이 도착하기 전까지 나눈 이야기를 정리해 주느라 10분을 더 소요했다.

때로는 제시간에 또는 몇 분 늦게 와서는 모임에 단 몇 분밖에 참석하지 못하지만 인사만이라도 하고 싶어 들렀다는 사람들도 있었다. 카페에서 모임을 하면 이런 상황들이 쉽게 발생한다. 카페라는 장소의 특성상 그런 행동이 자연스러운 듯하다. 그러나 회의실에서 모임을 한다면 그렇게 할 생각을 못할 것이다.

그러므로 카페는 그룹 멤버들이 처음 만나는 장소로서는 괜찮지만, 계속 모일 수 있는 다른 장소를 두 번째 모임을 갖기 전에 찾는 게 좋다.

어떤 마스터마인드 그룹은 멤버들의 집에서 모임을 갖기도 한다. 매주 같은 멤버의 집에서 또는 다른 멤버들의 집에서 돌아가며 모인다. 이렇게 하기로 정할 때는 모든 멤버가 편안하게 생각하는지 확인해야 한다. 모든 멤버가 동의하지 않으면 이런 방식으로 하지 마라. 한두 시간 동안 대여섯 명의 사람들을 집에 초대하기가 맞지 않는 사람도 있기 때문이다. 그러나 모든 사람이 괜찮은 아이디어라고 여긴다면 이렇게 하라.

형편이 된다면 호텔의 작은 회의실이나 임원실을 시간당 비용을 내고 빌리면 된다. 멤버 모두가 나눠서 비용을 내면 많이 비싸지 않을 것이다. 지역 문화 센터나 도서관, 상공회의소, 교회 등 공공장소에서 회의 공간을 무료로 빌릴 수도 있다.

모임 장소 찾기가 어렵다면 사는 곳의 지역 신문이나 연예 주간지에서 다양한 단체들이 어느 장소에서 모임을 갖는지 확인해 보기를 권한다. 그다음에 그 장소나 단체에 연락해 공간을 사용할 수 있는지 확인하면 된다.

내가 사는 지역에는 이용 가능한 회의실이 많지 않다. 상공회의소에 공간이 있지만 예약이 많이 되어 있어서 매주 두세 시간씩 예약하기가 불가능하다. 결국 우리는 근처 식당들에 연락해 사용할 수 있는 사적인 공간 하나를 찾아냈다. 점심 시간대에 비어 있는 공간이라 우리의 필요와 완벽히 들어맞았다.

식당에서 모임을 가지면 사람들이 제시간에 맞춰 오려고 노력한다는 장점이 추가된다. 우리는 정오에 도착해 몇 분간 서로 인사하고 점심 식사를 주문한다. 여전히 늦게 오는 사람들이 가끔 있지만 그런 경우는 매우 드물다. 멤버 중 두 명은 50마일이 넘는 거리를 운전해서 온다.

식당에서 마스터마인드 그룹 모임을 갖기로 했다면 다양하고 좋은 음식을 제공하는 곳을 찾기를 권한다. 처음 우리가 찾은 식당은 훌륭한 공간에 음식과 서비스도 좋았다. 그러나 멕시코 음식점이라, 몇 달이 지나자 멤버 모두가 멕시코 음식에 질리게 되었다. 그래서 다양한 음식과 합리적인 가격, 전망 좋은 사적 공간을 제공하는 또 다른 좋은 식당으로 이동했다.

언제 만나는가

날짜와 시간은 서로 편한 때로 정하면 된다. 중요한 것은 규칙적이어야 한다는 것이다. 내가 속한 그룹은 매주 목요일 정오에 만난다. 우리 멤버는 모두 자영업을 하기 때문에 정규 업무 시간에 자유롭게 만날 수 있다.

시간이 자유롭지 못하다면 저녁이나 주말을 택하라. 총 모임 시간을 정하려면 멤버당 20분에 시작과 마무리 발언, 짧은 중간 휴식을 위한 30분을 더하고, 만일 식당에서 모인다면 식사비 계산하는 시간도 추가하라.

어느 시간에 모임을 갖든 항상 시간을 지켜 정시에 시작하라. 늦게 오는 사람들은 모임 진행 중에 참여하도록 하고, 그들 때문에 진행을 멈추지 말라.

리더 선정하기

나는 참여했던 세 개의 마스터마인드 그룹에서 리더를 맡았다. 내가 모임을 시작했지만 이것이 일반적인 공식은 아니다. 반드시 그럴 필요는 없다.

리더가 되면 책임이 추가된다. 나는 대체로 변경 사항이 있을 때 멤버들에게 메시지를 전달하고 연락을 취한다. 또한 문제가 생기면 리더가 악역을 맡아야 한다. 내게 가장 큰 도전은 모임을 제시간에 진행하는 것이다. 총 모임 시간이 너무 길어지면 싫어하는 멤버들이 있기 때문이다.

때로는 시간을 지키려 할 때 약간의 긴장감이 감돈다. 우리 그룹에서는 자기 생각을 말하고 다른 멤버들로부터 피드백을 받도록 각 멤버에게 20분을 준다. 대부분 사람들이 20분 이내에 편안하게 자기 할 말을 한다. 그러나 피드백을 받을 때 문제가 생긴다.

자기 차례인 사람은 보통 시간을 계속 확인한다. 그러나 피드백을 주는 사람은 그렇지 않다. 시간이 됐을 때 피드백을 멈추게 하기가 어렵다. 시간이 끝나도 1~2분간 더 피드백을 주면, 피드백을 받은 사람은 그것에 대해 대꾸하고 싶어 한다. 그러면 또 다른 사람이 끼어든다. 이처럼 때로는 할당된 시간 동안 문제를 완전히 해결하고자 하는 경향이 있다. 그러면 보통 20분 안에 다 끝낼 수 없다.

모든 멤버가 순조롭게 모임을 진행하도록 하려면 주기적으로 규칙을 재검토하고 합의하는 것이 좋다. 그리고 각 멤버에게 모든 사람이 다 돌아가며 피드백을 하지 않아도 괜찮다고 알려라.

리더를 한 사람이 고정적으로 하지 않고 멤버들이 돌아가며 할 수도 있다. 예를 들면 매달 새로운 리더를 지명할 수 있다. 멤버들의 집에서 모임을 갖는 마스터마인드 그룹은 집을 제공하는 사람을 리더로 택하기도 한다.

리더는 변경 사항을 멤버들에게 알리고 시간을 확인하며, 예약이나 음료 서비스 등 모임 장소와 관련된 일을 조율한다. 그리고 모임 시작을 알리고 모든 사람이 진행 과정을 잘 따라오도록 한다.

모임 전후에 연락하기

첫 모임에서 나는 멤버들에게 이메일을 포함해 가능한 모든 연락처를 적어 달라고 했다. 우리 그룹은 이메일로 연락하는 것을 선호한다.

이메일의 장점은 한 번에 모든 멤버에게 메시지를 보낼 수 있다는 것이다. 전화로 하려면 동일한 메시지를 여섯 번 남겨야 하는데 말이다.

대부분의 이메일 프로그램은 그룹으로 이메일 주소를 저장할 수 있다. 나는 마이크로소프트 아웃룩 프로그램을 사용하며, 우리 그룹의 주소록을 '마스터마인드 그룹'이라 저장해 놓았다. 그래서 그룹에 이메일을 보내야 하면, '받는 사람' 항목에 '마스터마인드 그룹'을 치고 전체 메시지를 적는다. 이렇게 하면 각 멤버의 주소를 하나하나 적지 않아도 된다.

이메일보다 전화를 선호하는 사람들도 있다. 멤버들이 편하게 여기는 방법을 택하면 된다.

첫 모임

나는 첫 모임에서 분위기를 띄우기 위한 창의적 아이디어를 많이 봤지만 솔직히 한 번도 사용하지 않았다. 우리 그룹에서는 항상 돌아가며 자기소개를 하고 간단히 배경 설명을 한다.

이 단계가 지나면 각 멤버의 장기적 목표들을 알고 싶어진다. 만일 아직 장기적 목표가 없는 멤버가 있다면 그의 첫 과제는 장기 목표를 세우는 것이다. 첫 모임을 포함해 매번 모일 때마다 멤버들은 다음 모임 때까지의 숙제 또는 단기 목표를 설정한다. 자신의 진행 상황을 관찰할 수 있는 좋은 방법은 윔벌리 그룹에서 우리가 채택한 형식을 사용하는 것이다. 이 장 끝부분에서 그 형식을 사용하는 법을 설명하겠다.

첫 모임에서 할 수 있는 또 한 가지는 그룹의 이름을 짓는 것이다. 선택 사항이지만, 그룹의 첫 공동 목표를 이름 짓는 것으로 하면 어떻겠는가?

모임의 기본 원칙

그룹의 규칙을 정할 때 고려할 사항 몇 가지를 제안한다.

첫째, 정시에 시작한다.

이것은 어떤 유형의 그룹이든 반드시 지켜야 할 사항인데, 특히 비즈니스를 기초로 한 마스터마인드 그룹이라면 더욱 그렇다. 그룹을 고객 대하듯 존중해야 한다. 즉 모임 시간에 일상적으로 늦거나 빠지지 말아야 한다. 늦게 오는 멤버를 위해 진행 과정을 뒤로 돌리거나 앞에서 다룬 내용을 설명해 주지 않는다.

그룹 모임에 늦는 것은 모든 멤버를 속이는 것과 마찬가지이다. 늦게 옴으로써 모임 진행을 방해할 뿐만 아니라 멤버들에게서 그룹 전체의 피드백을 받는 유익을 빼앗는 것이다.

첫 모임에서 멤버들이 서로 교제하고 싶어 하는 것은 자연스러운 일이다. 그러므로 처음 15~30분은 따로 떼어 친분을 맺는 시간을 갖고, 식당에서 모인다면 주문하는 시간도 갖는 게 좋다. 이렇게 하면 누군가 발언하는 동안 다른 사람들이 음식을 주문하느라 또는 음식이 서빙되느라 방해받는 일을 예방할 수 있다.

둘째, 정시에 끝낸다.

여기서 시계를 사용하는 것이 중요하다. 모든 멤버가 자기에게 할당된 시간에서 5~10분을 더 쓴다면 2시간으로 예정한 모임이 3시간으로 늘어날 수 있다. 멤버들이 오래 모이는 것을 불평하지 않고 좋아할 수도 있다. 그러나 시간이 지나면 멤버들은 오가는 시간까지 해서 매주 반나절을 모임에 쓴다는 사실을 깨달을 것이다. 그러다가 빠지는 사람이 생기고, 중간에 탈퇴하는 멤버도 나올 수 있다.

셋째, 모임에 빠질 경우 미리 알린다.

다른 멤버들을 걱정시키지 마라. 모임에 나오지 않으면서 미리 연락하지 않는다면, 멤버들은 당신이 오는 길에 무슨 사고라도 당했을까 봐 걱정한다. 빠지게 될 경우 이유와 함께 전화로나 이메일로 미리 알려라.

넷째, 각 멤버의 발언 시간을 명시한다.

멤버당 발언 시간을 20분으로 정하는 것을 추천한다. 타이머를 활용하라. 우리는 모래시계처럼 생긴 작은 디지털 타이머를 사용한다. 이것은 작아서 가지고 다니기 쉽고, 매번 재설정할 필요가 없다.

발언하고 있는 사람뿐만 아니라 다른 멤버들 모두 시간을 확인하는 것이 중요하다. 피드백을 주는 멤버들이 시간을 잡아먹는 경우가 흔하기 때문이다. 이것은 모든 사람이 모임 중에 문제를 완벽히 해결하고자 하기 때문인데, 사실 20분 안에 다 해결하기란 불가능하다.

그리고 앞서 언급했듯, 누군가는 시간을 알리는 역할을 해야 한다. 이 제안을 무시하고 싶을 수 있다. 그러나 시간을 지키지 않으면 어떤 멤버들은 45분 이야기하고도 깨닫지 못할 수도 있다.

마지막으로 일정과 자원을 고려해 모임 빈도와 장소, 시간을 정해야 한다.

정기 모임의 구성

정기 모임에서 각 멤버는 각기 20분의 발언 시간을 갖는다. 멤버들은 자기 시간에 나눌 내용을 간략히 목록으로 만든다. 발언할 때 전체 항목을 다 말한 다음에 나중에 피드백을 요청하거나 아니면 항목 하나를 발언한 후 그때그때 피드백을 요청하는 식으로 진행할 수 있다.

나누는 내용은 개인적이거나 전문적일 수 있다. 우리 그룹에서는 다이어트나 운동 프로그램 관련해서 도움을 요청하는 멤버들이 있었고, 가정에 소홀하지 않으면서 사업에 충분히 시간을 쏟을 방법을 놓고 논의하는 멤버들도 있었다. 중요한 것은 각 멤버가 참여함으로써 무엇인가를 얻는다는 느낌을 갖는 것이다.

우리 그룹에서는 몇몇 멤버들이 스스로 과제를 부과한다. 미루는 성향이 있는 사람이라면 이 방법이 유용하다. 만일 당신이 과제를 완수하지 못하면 다른 멤버들이 책임을 묻는다. 많은 사람에게 이것이 마스터마인드 그룹에 참여해서 얻는 주요 이점이다.

멤버들이 매주 나눌 리스트에는 무엇이 있을까? 멤버들은 새로운 상품 아이디어나 마케팅 전략에 대한 피드백이 필요할 수 있다. 기술적인 문제를 다뤄야 하거나 변호사, 웹디자이너, 회계사 같은 전문인의 도움이 필요할 수 있다.

만일 지난주에 목표를 정하거나 스스로 과제를 부과했다면 당신이 행동을 취하고 목표를 달성했는지 여부를 나누는 것으로 시작하라.

리스트에 항목이 많다면 전체 항목을 다 말한 후 피드백을 요청하는 게 좋다. 항목별로 피드백을 요청하면 모든 내용을 다 나누기 전에 할당된 시간이 끝날 가능성이 있기 때문이다.

그리고 반드시 피드백을 요청해야 하는 것은 아니다. 당신이 나눌 내용을 다 말한 후 멤버들에게 무엇이 필요한지 말하면 된다. 그것이 피드백일 수도 목표 달성과 관련해 책임을 묻는 것일 수도 있다.

피드백 과정에서 모든 멤버가 참여하는 것이 중요하다. 다른 멤버들의 경험이 더 많을 것 같아서 당신에게 의견이 있는데도 겁을 먹고 가만히 있지 마라. 모든 멤버가 각자 가진 다양한 관점에서 피드백을 줄 때 좋은 아이디어가 나온다.

피드백을 줄 때는 간단명료하게 하라. 다른 멤버의 시간을 독차지하지 않도록 시간을 확인하며 하라. 다른 멤버가 준 피드백과 같은 생각이라면 그렇다고 말하고 다음 사람에게 말할 기회를 넘겨라.

모든 멤버의 차례가 다 돌아가고 별다른 일이 없다면 모임을 끝낸다.

장거리 마스터마인드 그룹

"인류를 구원할 유일한 길은 협력이다."

- *버트런드 러셀Bertrand Russell*

전화로 이루어지는 마스터마인드 그룹

나는 대면 모임을 선호하지만 대면 모임이 늘 가능한 것은 아니다. 많은 마스터마인드 그룹이 전화로만 모임을 진행하면서도 성공적으로 이뤄지고 있다. 잭 캔필드Jack Canfield는 책『성공의 규칙The Success Principles』에서 자신이 속한 그룹은 격주로 전화를 통해 모임을 하고, 분기별로 이틀간 대면 모임을 가진다고 한다.

마케팅 구루 댄 케네디Dan Kennedy는 인터넷 마케팅 전문가 데릭 겔Derek Gehl과 야닉 실버Yanik Silver, 부동산 전문가 론 르그랑Ron

Legrand, 피트니스 전문가 매트 퓨리*Matt Furey* 등의 멤버들과 함께 백만 달러의 마스터마인드 그룹을 주최한다. 그들은 전화로 모임을 진행하며, 1년에 한 번 대면 모임을 추가한다. 각 멤버는 이 전문 그룹에 속하기 위해 매년 케네디에게 상당히 많은 회비를 낸다.

전화 모임은 동시에 여러 사람이 통화할 수 있는 컨퍼런스 콜을 통해 이루어진다. 일반적인 전화 회의는 분당 요금이 4.5센트에서 15센트로 비싼 편이다. 나는 30명이 매주 2시간 전화 회의를 하는 데 매달 평균 100달러 더 저렴하게 하는 방법을 찾았다. 여기에 수신자 부담은 포함되지 않기 때문에 장거리 전화 요금이 추가될 것이다. 그러나 일반전화, 휴대전화, 인터넷 서비스 어느 것을 이용하더라도 장거리 통화 연결에 제한은 없다. 멤버가 여섯 명이라면 멤버당 매달 17달러 정도면 될 것이다.

기술은 매우 빠르게 발전하므로 현재 사용하는 기술이 곧 구식이 될 수 있다. 인테넷상의 마스터마인드 그룹에 가장 효율적이고 저렴한 방법들을 우리의 홈페이지(www.MeetAndGrowRich. com)에 올려놓았다.

다음은 전화로 이루어지는 마스터마인드 그룹의 장단점들이다.

장점
· 모임에 늦는 사람들을 차단한다.

· 오가는 시간과 비용을 절약한다.

· 먼 지역에 사는 사람들과도 만날 수 있다.

· 전화 통화의 시간 제한 때문에 모임 시작과 끝 시간을 지킨다.

· 음료나 음식 비용이 들지 않는다.

· 언쟁을 피할 수 있다.

단점

· 장거리 통화 비용이 발생한다.

· 개인적인 접촉이 없다.

· 새 상품이나 마케팅 도구를 보여 줄 기회가 없다.

온라인 마스터마인드 그룹

멤버들이 인터넷을 잘 사용하고 장비를 잘 갖추고 있다면 음성 서비스가 되는 채팅방을 이용할 수 있다. 이런 온라인 모임은 전화를 이용한 모임과 같은 장점을 가지면서도 비용은 그보다 더 적게 든다.

인터넷 접속이 가능한 컴퓨터와 마이크를 사용하면 추가 비용 없이 언제든 모임을 할 수 있다. 고속 인터넷 접속이 가능하면 모임이 더욱 효과적이다. 웹캠을 설치하면 멤버들의 얼굴도 볼 수 있다.

단점은 기술적 문제가 발생할 수 있다는 것이다. 전화선을 통해 인터넷을 사용한다면 전화를 사용할 때 인터넷이 끊긴다. 또한 컴퓨터 시스템이 때때로 끊겨 방해받을 수 있다.

장점은, 야후*Yahoo* 같은 인터넷 서비스를 사용하면 전 세계에서 참여할 수 있다. 시차 때문에 제한을 받기는 하지만 국제적 그룹 모임을 진행할 수 있다.

앞에서 언급했듯이 우리는 마스터마인드 그룹을 지원할 새로운 온라인 커뮤니티를 만들고 있다. 지역 그룹이나 전화 그룹, 온라인 그룹을 위한 멤버들을 찾고, 세계적 규모의 성공한 마스터마인드 그룹들의 실제 이야기를 듣고, 다른 마스터마인드 그룹들과 연락할 수 있다. 또한 최신 온라인 모임 기술을 접할 수도 있다. 자세한 내용은 www.MeetAndGrowRich.com에서 확인하라.

사례 연구:
자영업자들의 성공 마스터마인드 그룹

캐린 그린스트리트*Karyn Greenstreet*는 세계적으로 유명한 강연자이자 작가이며 자영업 전문가이다. 그녀는 수년간 여러 개의 마스터마인드 그룹을 결성하고 활성화하고 있다. 그녀가 최근에 만든 그룹은 전화와 온라인 게시판, 두 가지 방법으로 모임을 진행한다. 다음은 그녀의 최근 마스터마인드 그룹의 이야기이다.

자신이 직접 경영을 하며 재택근무를 하면 외로울 수 있다. 가족과 친구들이 지지를 보내 준다고 해도 최전선에 있는 것이 어떤지 아는 다른 자영업자들과 한 그룹 안에서 연결되는 것과 또 다르다.

나는 20년간 다양한 테마와 주제로 마스터마인드 그룹을 만들고 운영해 왔지만, 오직 자영업을 하는 사람들만을 위한 마스터마인드 그룹에 속하고 싶은 필요성을 절실히 느꼈다. 내 사업을 다음 단계로 성장시키고 싶은 마음에 안달이 났지만 창의력을 가로막는 장애물과 감정적 불확실성을 뛰어넘도록 지지해 주는 그룹이 없었다.

그래서 2003년 1월 나의 메일 리스트에 있는 모든 사람에게 '자영업자 성공 마스터마인드 그룹*Self-Employed Success Mastermind Group*'에 초대하는 메일을 보내면서 지원서에 넣은 10개의 질문에 답을 채워 보내달라고 요청했다. 그중 내가 가장 중요하다고 생각하는 질문은 다음과 같다. "당신은 왜 이 그룹에 들어와야 합니까?" 나는 자기 사업을 성장시키기를 정말로 간절히 원하고, 인간으로서 한 그룹 안에서 기꺼이 도움을 주고받고자 하는 사람들을 찾고 있었다.

그 후 53통의 지원서를 받았고, 2003년 2월 20명의 참여자를 선발해 두 개의 그룹으로 나눴다. 지원자들이 세계 곳곳에 살고 있어서 이 그룹들은 온라인 게시판을 통해 '만나기'로 결정했다.

나는 1990년대 중반 컴퓨서브*CompuServe*가 주최한 두 개의 대형 포럼에서 메시지 그룹을 5년 동안 관리한 경험이 있었다. 그때의 경험이 온라인 마스터마인드 그룹을 준비하는 데 도움이 되었다. 많은 대화 질문을 준비해 일주일에 한 번씩 게시판에 올리며 그룹을 활성화했다. 그리고 멤버들은 매주 자신들의 성공 이야기 (크든 작든)를 나누고, 도전 과제나 문제, 결정할 일에 대해 브레인스토밍을 구하거나 그것에 응답해야 했다. 그룹에서 요구하는 사항은 각 멤버가 최소한 일주일에 한 번 그룹 게시판에 참여하는 것이었다.

많은 마스터마인드 그룹에서 그렇듯이 점차 몇몇 사람들은 탈퇴했고, 또 몇몇은 참여가 없거나 항상 도움만 요청하고 도움을 주는 일이 없어서 탈퇴시켜야 했다. 마스터마인드 그룹의 목적과 성패는 그룹 활동에 적극적으로 참여하며 브레인스토밍을 교환하는 열성적인 사람들에게 달려 있다.

마스터마인드 그룹을 시작하는 사람들은 자신들의 사업을 키우고, 태만한 행동에 직면할 준비가 되었다고 정말로 느꼈다. 그러나 멤버들은 잘못된 행동이나 반복적인 목표 미달성을 그룹이 용인하지 않는다는 사실을 곧 깨달았다. 다른 멤버들은 그룹 안에서 잘 성장하는 반면에 몇몇 멤버들에게 그룹은 그저 요구 사항이 너무 많았다.

다음 해에 그룹을 재정비해 두 그룹을 하나로 합치고, 여성들만으로 멤버를 구성했다. 2004년 초 우리는 매달 90분의 장거리 전화 회의를 하는 것으로 전환했다. 현재 우리는 매달 세 번째 목요일마다 전화 회의를 진행하고 게시판을 통해 매일 대화를 이어가고 있다. 우리는 동시에 접속해 다른 사람이 글을 올리자마자 댓글을 다는 일이 흔하다.

시간이 지나면서 자영업을 하는 여성들이 우리 그룹을 입소문이나 구글을 통해 또는 기존 멤버들을 통해 알게 되었다. 새로운 멤버들이 들어오고자 원하면 신청서를 제출한다. 그러면 그룹에서 신청서를 검토해 거절하거나 몇몇은 월별로 갖는 전화 회의에 초대해 자기소개를 요청한다. 그런 다음 멤버들이 투표를 해서 새 멤버를 뽑는다. 멤버들의 합의가 그룹 성공에 결정적으로 중요하다. 그래서 모든 멤버가 그룹의 일에 발언권을 가진다.

그룹의 규모는 대여섯 명으로 유지하는데, 이 숫자가 90분간의 전화 회의에 수용할 수 있는 최대 인원이기 때문이다. 현재 우리 그룹은 그래픽디자이너인 파멜라 주렉*Pamela Zurek*과 척추 지압사인 수잔 버거*Susan Burger* 박사, 보컬 트레이너인 캐서린 스콧*Katherine Scott*, 조직 전문가이자 작가이며 QVC의 상품 개발자인 제이미 노박*Jamie Novak* 그리고 소규모 비즈니스 코치이자 자영업 전문가인 나 캐린 그린스트리트가 멤버이다. 우리는 미국과 캐나다에 거주하며 최소 10년 이상 사업을 운영하고 있고, 기복이 있는 '사업의 첫 시기'를 잘 거친 후 다음 단계로 성장할 준비를 하고 있다.

우리는 그룹으로 직접 대면한 적이 없고, 멤버들 대부분이 개인적으로도 대면한 적이 없다. 국적도 직업도 다르지만 개인적, 사업적으로 성장하면서 항상 같은 문제들에 맞닥뜨리는 것에 매우 놀란다. 예를 들면 올해는 미래의 성공을 위해 매 순간을 우리가 직접 조정하고 조율해야 한다는 생각보다 기회가 찾아오게끔 일하고 있다. 우리는 사업을 이해하는 새로운 방식과 개인의 가치를 반영하는 방법에 마음을 열고 있고, 이를 통해서 '다음 단계는?'이라는 질문에 답하는 데 도움을 얻는다.

몇 해가 지나면서 우리는 서로의 삶과 사업에 매우 깊이 영향을 미쳤다. 사업의 성공과 실패, 이사, 이혼, 죽음, 축하할 일들을 함께 겪었다. 사업과 관련해 고통스러운 결정, 큰 계약 건으로 인한 기쁨과 만족, 큰 프로젝트의 완료 등을 통해 서로를 지지하고 격려했다.

나는 그룹과 함께하는 브레인스토밍으로 큰 혜택을 얻고, 그룹을 통해 목표와 가치에 완전히 집중하는 데 도움을 얻는다. 다른 사람들과 함께하는 마스터마인드 그룹은 내가 일에 지쳤을 때나 새로운 프로젝트와 관련된 아이디어로 흥분됐을 때 정서적으로 지지해 준다. 내게 필요한 자극을 준다. 우리는 또한 영적인 대화도 즐긴다. 영적인 것들이 얼마나 우리의 사적인 삶과 비즈니스에 실제적이고 구체적으로 연결되어 있는지를 나눈다.

우리는 매달 화상회의를 하고, 야후 그룹 게시판을 통해(http://groups.yahoo.com) 매일 연락을 주고받는다. 우리는 야후 사이트를 즐겨 사용하는데, 이를 통하면 멤버들이 이메일과 웹베이스 둘 중 선호하는 방식을 택할 수 있기 때문이다. 또한 사진과 파일을 우리가 직접 올릴 수도 있다.

인터넷 게시판과 화상회의를 통해 그룹을 운영하는 방식은 우리에게 완벽하게 맞는다. 예를 들면 나는 이메일을 많이 받아서 메일함이 가득 차고 더는 이메일을 받고 싶지 않기 때문에 온라인 게시판에서 메시지를 받고 답변 보내기를 선호한다. 제이미와 나는 밤늦게 활동하는 유형이라 밤 11시에 글을 올리는 경우가 흔하다. 수잔은 바쁘고 두 아이를 키운다. 그래서 사무실이나 집 어디서든 시간이 날 때마다 메시지를 읽고 답을 한다. 제이미는 여행 관련 책을 쓰느라 여행을 다니지만 우리는 온라인 그룹이기 때문에 그녀가 어디에 있든 모임에 참여할 수 있다. 캐서린은 얼마 전 토론토에서 밴쿠버로(같은 캐나다지만 서로 반대편에 있는) 집과 사업장을 3,000마일 떨어진 곳으로 이사했지만 여전히 그룹에 참여해 도움을 주고받는다.

화상회의와 게시판을 통한 모임에 몇 가지 실제적인 이득이 있다. 파멜라*Pamela*는 이렇게 말한다. "우리 그룹은 온라인으로 이루어진다는 점에서 특별해요. 우리는 이메일과 전화로 소통하기 때문에 익명성이 있어요. 저도 인터넷 환경이 제공하는 익명성을 사람들이 얼마나 남용하는지 지적하는 글을 많이 읽었어요. 그러나 우리의 경우는 익명성 덕에 오히려 안전함을 느끼기 때문에 삶과 사업이 어떻게 되고 있는지 더 많이 말할 수 있는 것 같아요. 이런 대화의 수준으로 인해 먼 거리에도 불구하고 매우 진실한 지지와 우정을 느끼게 됩니다."

올해 우리는 전원 지역에 있는 나의 집에서 마스터마인드 주말 리트릿을 가진다. 이번 모임이 우리 멤버 모두가 그룹으로서 직접 대면하는 첫 모임이다. 우리는 드디어 대면한다는 것에 흥분되고 약간 초조한 상태다. 4일에 걸쳐 마스터마인드 그룹 회의를 라이브로 가질 것이고, 멤버들이 각자 자신의 전문 분야를 두 시간 동안 강의하는 귀중한 시간도 갖기로 했다. 또한 직접 만나는 첫 시간이므로 온수 욕조에서 긴장을 풀고 3.3에이커 되는 드넓은 땅을 거닐며 일지를 쓰거나 명상하고 함께 음식을 즐기는 시간을 갖도록 계획을 짰다.

www.passionforbusiess.com에 방문하면 우리 그룹에 대해 더 많이 알 수 있다.

가상의
마스터마인드 그룹

"지혜로운 사람들로 구성된 작은 그룹이 바보들이 다수 모인 거대한 그룹보다 낫다."

- 존 러스킨*John Ruskin*

나폴레온 힐은 1928년 책『성공의 법칙*The Law of Success*』에서 유명한 작가이자 연설가였던 가까운 친구의 이야기를 한다. 그 친구는 성공하기 전에 마스터마인드 그룹의 개념을 새로운 방식으로 구축했다.

그는 매일 밤 두 눈을 감고 회의실 탁자를 상상했다. 탁자 주위에는 에이브러햄 링컨과 조지 워싱턴, 보나파르트 나폴레옹, 랠

프 윌도 에머슨, 앨버트 허버드*Elbert Hubbard*1가 앉아 있다.

그는 상상 속 마스터마인드 그룹의 멤버들에게 차례로 말했다. 그들의 대화는 다음과 같이 진행되었다.

링컨 씨, 나는 당신의 인내와 공정성, 유머 감각을 나의 기본 성품으로 만들고 싶습니다.

보나파르트 씨, 나는 당신의 자신감을 갖고, 당신이 했듯이 장애물을 정복하고 패배를 승리로 바꾸는 능력을 갖고 싶습니다.

워싱턴 씨, 나는 당신에게 있는 특출한 애국심과 희생정신, 리더십을 개발하고 싶습니다.

에머슨 씨, 나는 당신의 뛰어난 통찰력과 자연법칙에 대한 이해와 공감하는 마음을 개발하고 싶습니다.

허버드 씨, 나는 당신처럼 자기 생각을 구체적이고 분명하며 설득력 있는 언어로 표현하는 능력을 갖고 싶습니다.

신사 여러분, 나는 이러한 자질들을 개발하기 전에는 만족하지 않을 것입니다.

---

1 앨버트 허버드는 1890년대 후반부터 1900년대에 걸쳐 활동한 유명한 잡지 출판인이었다. 그는 7백만 단어 이상을 출판했다고 한다. 그는 작가가 되기 전 미국에서 가장 성공한 통신 판매 회사의 판매 및 홍보 담당이었다. 고객이 상품을 사도록 유도하기 위해 프리미엄 상품을 추가하는 아이디어를 도입했다. 또한 고객 개개인을 잠재적 세일즈맨으로 만드는 계획을 시작했다. 따라서 그를 제휴 마케팅의 창시자라 할 수 있을 것이다. 그와 그의 아내는 1915년 루시타니아(Lusitania) 호와 함께 바다에 침몰해 사망했다.

이 친구는 여러 달 동안 상상으로 마스터마인드 그룹을 만났다. 결국 그는 상상의 멤버들에게서 원하던 성품들을 자신의 자질로 만들었다. 그리고 자신이 성공한 비결의 하나로 이 상상의 마스터마인드 그룹을 들었다.

당신도 이 방법을 해 보면 어떨까?

물론, 약간 이상해 보일 것이다. 당신은 이렇게 말할지도 모른다. "빌, 어린아이들이나 상상의 친구를 만들지 않나요." 어리석어 보이면 어떤가? 당신 말고는 아무도 모를 것이다.

그리고 생각해 보라. 당신은 상상 속 마스터마인드 그룹에 원하는 누구든 택할 수 있다.

사업을 키우고 싶다면 전 시대에 걸쳐 가장 위대한 사업가를 선택할 수 있다. 앤드루 카네기나 헨리 포드Henry Ford, 월트 디즈니Walt Disney, 레이 크록Ray Kroc, JP모건J. P. Morgan, 록펠러John D. Rockefeller, 샘 월튼Sam Walton, 빌 게이츠Bill Gates, 마이클 델Michael Dell을 '초대'할 수 있다.

골프 실력을 향상하고 싶다면 타이거 우즈Tiger Woods, 잭 니클라우스Jack Nicklaus, 아놀드 파머Arnold Palmer, 월터 하겐Walter Hagen, 바비 존스Bobby Jones와 마스터마인드 그룹을 결성하면 된다.

위대한 소설을 쓰고 싶다면 조앤 롤링J. K. Rowling과 제인 오스틴Jane Austen, 스티븐 킹Stephen King, 레프 톨스토이Leo Tolstoy, 마크 트웨인Mark Twain에게 당신의 마스터마인드 그룹에 들어오라고 요청하면 어떻겠는가?

최면술사인 조*Joe*는 이런 '비가시적인 마스터마인드 그룹'이 실제로 매우 효과가 좋다고 말한다. 그는 스티브 리브스(Steve Reeves, 영화에서 헤라클레스를 연기한)와 같은 과거의 유명한 보디빌더들과 정신적인 대화를 나눈다. 무의식은 아이디어와 자원이 가득한 거대한 창고라고 그는 말한다. 당신이 정신적 마스터마인드 그룹을 만들 때 이 풍부한 내면의 문이 열린다.

이것과 조금 다르기는 하지만 나 역시 비슷한 방법으로 성공을 맛보았다. 이것은 노련한 카피라이터인 칼 갈레티*Carl Galletti*가 가르쳐준 방법이다. 어떤 작가든 당신이 마음에 드는 작가를 선택해 그의 작품을 필사하면 그와 비슷한 문체를 개발할 수 있다. 조 역시 이 방법을 쓴다.

나는 몇몇 뛰어난 세일즈 레터로 이 방법을 시도했는데, 효과가 있다. 또한 오디오로 책과 강연을 자주 들으면 그 연설자의 전문 기술을 흡수하기 쉽다는 사실도 발견했다.

이 방법은 또한 내가 MasterSiteReviewer.com을 만들어 웹사이트 리뷰 요령을 개발한 방법이기도 하다. 나는 다른 카피라이터들의 평을 자주 듣고 그들의 기술을 흡수해 내 것으로 만들었다.

가상의 마스터마인드 그룹은 실제 마스터마인드 그룹을 대체하지는 못하지만 당신이 추구하는 어느 분야에서든 성공한 사람들의 특징과 성품을 얻기 위한 강력한 도구가 될 수 있다.

당신의 마스터마인드 그룹에 초대하고 싶은 유명한 사람들을 지금 여기에 적어 보는 것이 어떤가?

마스터마인드 그룹에 대한 다른 견해들

"우리는 모두 단결해야 한다. 그렇지 않으면 분명 모두 흩어진다."

- 벤저민 프랭클린*Benjamin Franklin*

이제 마스터마인드 그룹에 대한 다른 사람들의 경험담을 나누고자 한다. 이 이야기들을 통해 마스터마인드 그룹을 진행하는 방식과 관련해 아이디어를 얻고 잠재적 위험을 알아내며 영감을 얻을 수 있다.

두 사람의 그룹:
바버라 존슨(Barbara Johnson)

친구 다이앤과 나는 2년 전 이메일과 일반 우편을 통해 진행하는 글쓰기 마스터마인드 그룹을 만들었다. 우리는 각자 소설의 초안 작성을 마쳤다. 올해 우리의 목표는 책을 두 번 교정한 다음 적어도 다섯 군데의 출판사나 대리인에게 제안서와 원고를 우편으로 보내는 것이다.

나는 30여 년 전부터 추리소설 작가가 되고 싶었다. 그런 소망을 사람들에게 말하고, 관련 잡지를 읽고, 글쓰기 세미나에도 가보았다. 인터넷 시대가 오면서 온라인으로 글쓰기 강의를 들었다. 신문이나 교회 주보에 실을 만한 짧은 글들을 썼고, 물론 편집자에게 편지도 보냈다. 그러나 소설 쓰기는 여전히 꿈에 불과했다. 그러다가 2년 전, 애리조나에 사는 친구에게 위대한 소설을 쓸 시간을 내지 못하겠다며 푸념했다. 친구 역시 같은 문제를 겪고 있었다. 그녀도 나와 같이 책과 잡지를 읽었고, 같은 꿈을 품고 있었다. 우리는 둘이서 마스터마인드 그룹을 만들었다.

우리는 서로 책임감 있는 파트너이다. 매주 최소 한 장 이상의 글을 쓰기로 하고 가능한 한 자주 이메일을 주고받는다. 한 달에 한 번 날짜를 기입한 각자의 목표를 서로에게 보내고 책임을 나눈다. 이것은 글쓰기 목표를 새롭게 다지는 데 도움이 된다. 이메일로는 우리가 배우거나 찾은 기사, 좋은 말이나 아이디어 등 무엇이든 나눈다. 무엇보다도 우리 두 사람의 마스터마인드 그룹을 통해 나는 글쓰기 목표를 향해 계속, 그리고 제대로 나아갈 수 있었다.

기적의 마스터마인드 그룹: 메리앤 세인트 클레어
(Marianne St. Clair, www.mariannestclair.com)

나는 마스터마인드 그룹을 결성함으로써 그렇게 하지 않았다면 불가능했을 많은 것을 할 수 있었다. 몇 년 전에 종양 진단을 받아 여러 의사에게 자궁절제술을 권유받았다. 서른세 살에 예쁜 딸이 있었지만 앞으로 아이를 더 낳을 가능성을 포기할 준비가 되어 있지 않았다.

그래서 마스터마인드 그룹을 결성했고 다른 결과를 얻었다. 뜻밖에도 30시간 만에 17,000달러의 기부금이 생겼다. 나는 보스턴으로 날아가 근종절제술을 받았다. 현재 나는 마스터마인드 그룹의 성공으로 예쁜 둘째 딸을 얻었다.

보상받은 인내: 케네스 코
(Kenneth Koh, www.subconscious-secrets.com)

나는 마스터마인드 관련 강의를 들은 후 2001년에 그룹을 결성했다. 그 후로 직장을 그만두고 두 가지 사업을 시작했다. 초반에는 힘들었다. 내가 첫 마스터마인드 그룹을 만들었을 때는 3개월 이상 지속되지 못했다. 마스터마인드 관련 강의를 들은 직후 모든 사람이 크게 동기부여가 되어 있었다. 우리는 일주일에 한 번씩 만나 다양한 사업 아이디어로 브레인스토밍을 하였고, 마침내 하나의 아이디어를 택해 실행에 옮겼다! 이때 일이 잘못되기 시작했다.

사업 구상 단계에서 한 멤버가 실행 가능성을 의심했다. 그때부터 그룹 내 조화가 와해되기 시작했다. 또 다른 멤버는 자신이 거의 모든 일을 하고 있다고 불평했다. 곧 현실이 느껴졌다. 모두가 직장 일로 바빴다(아니면 단지 변명이었을까?). 우리는 모두 너무 바빠서 모일 시간을 내기가 점점 어려워졌다. 마침내 마지막 모임을 가졌고, 사업 아이디어의 실행 가능성이 없다고 우리 스스로 확신했다. 이것이 나의 첫 마스터마인드 그룹에 대한 경험이다.

그때 이후 나는 마스터마인드 그룹 멤버들을 선택할 때 신중해야 함을 배웠다. 먼저 이미 나와 같은 사업 분야에서 일하고 있는 사람들을 찾아야 했다. 그래야 내가 그들의 기존 네트워크나 강점에 영향을 주고, 나 역시 아이디어를 얻을 수 있기 때문이다.

내가 처음으로 성공한 마스터마인드 그룹은 2003년에 시작되어 2년째 계속되고 있다! 인내는 정말이지 보상받는 법이다. 나는 유통 사업을 시작하기를 원했다. 나의 마스터마인드 그룹의 멤버들은 유통 분야 경력이 10년 이상 된 사람들이었다. 적합한 팀원들을 만나면 일이 훨씬 순조롭게 진행된다.

사업은 짧은 시간 안에 궤도에 올랐는데, 그 주요한 요인이 멤버들이 보유한 사업 네트워크를 활용한 것이었다. 그 덕에 나는 다른 사업들을 살펴볼 기회와 시간을 더 많이 얻었다. 그때 이후로 나는 단독으로는 일하지 않는다. 마스터마인드 그룹과 함께하면 훨씬 쉽고 빠르게 더 잘할 수 있기 때문이다.

최근에는 인터넷 덕에 멤버들이 직접 대면하지 않고도 마스터마인드 그룹이 운영될 수 있다는 사실을 알았다. 나는 홈페이지 www.subconscious-secrets.com을 시작했을 때 무엇을 써야 할지 도무지 아이디어가 떠오르지 않았다. 그래서 내 소식지 구독자들에게 질문을 보내 달라고 했고, 서로 의견을 주고받자고 요청했다. 결과는 굉장했다. 나는 아주 적은 시간을 들여 아주 많은 일을 마칠 수 있었다.

마스터마인드 그룹 덕에 나는 적게 일하고 많이 성취할 수 있게 되었다. 내가 마스터마인드 그룹을 통해 배운 몇 가지 교훈이 있다.

1. 조화가 중요한 비결이다. 공통의 안건과 목표가 있어야 한다.

2. 모든 멤버가 서로를 위해야 한다. 경제적으로 어렵거나 재정적 부의 사고방식이 결여된 사람들과 일하지 마라. 그런 사람들은 항상 '어떻게 하면 우리가 다 같이 더 많이 얻을 수 있을까?'를 생각하지 않고 '어떻게 하면 이 사람에게서 내가 더 많이 얻을 수 있을까?'를 생각한다.

3. 더 많이 노력하고 더 많이 도움을 주는 사람이 돼라. 먼저 행하는 사람이 있어야 다른 사람들이 따라간다.

아이들과 부모들의 꿈과 베스트셀러 작가: 매건 올랜도(Megan Orlando, www.familymediationsolutions.com)

나의 마스터마인드 그룹은 내게 지지자들이라는 안전망을 제공했다. 그들의 정기적인 지원 덕에 나는 위험을 감수하고, 나의 목표를 선명하게 그리며, 더욱 큰 꿈들을 꿀 수 있었다. 마스터마인드 그룹의 멤버들 덕에 나는 나의 꿈들을 즐겁게 조사하고 실행하는 일에 집중할 수 있었다. 마스터마인드 그룹 활동의 결과 나는 베스트셀러 작가가 되었고, 웨인 다이어*Wayne Dyer* 박사, 디팩 초프라*Deepak Chopra* 박사를 비롯해 여러 전문가와 공동 집필도 하게 되었다.

만나라 그러면 부자가 되리라

나의 이야기는 아이들이나 부모들이 겪는 아동학대나 방치, 유기, 이혼으로 인한 트라우마를 치료하기 위한 명상법을 다룬다. 내가 만난 아이들과 부모들은 내게 기꺼이 마음을 열고서, 용기를 통해 어떻게 장벽을 극복할 수 있는지 자신들의 이야기를 들려주었다. 우리가 마음과 생각을 열고 서로의 이야기에 귀 기울이면 내면이 더욱 성장할 가능성을 발견한다. 감사가 있는 곳에서 우리는 용기를 내고 성장하며 더욱 불쌍히 여기도록 격려하고 소통하는 법을 배우며 함께 어려움을 극복할 수 있다. 감사할 때 우리는 새롭게 선택하고 서로에게 예의 바르게 행동할 힘을 얻는다.

마스터마인드 그룹 모임을 하면서 우리는 자신의 이야기를 나누고 새로운 꿈을 세울 용기를 얻었다. 꿈을 꾸자, 더 큰 선택을 할 수 있게 되었다. 나는 많은 가정이 법원까지 가지 않고 더 나은 선택을 하도록 중재하며 아이들과 부모들을 돕는 꿈을 꾸게 되었다.

유일한 선택 마스터마인드 그룹: 폴 시모노 (Paul Simoneau, www.theonlyoption.net)

맹렬한 토네이도 한가운데에 있다고 상상해 보라. 이것은 정말로 "신의 능력"이라 할 만한 거대한 에너지이다. 그 힘을 온몸으로 느낀다면 당신은 원하는 것에 집중할 수 있다. 이것을 당신의 마음과 생각에 명확히 새겨야 마스터마인드 그룹을 느낄 수 있다. 나는 '유일한 선택'인 마스터마인드 그룹의 힘과 시너지 효과에 대해 나눌 수 있어서 정말로 기쁘다.

앨_Al_과 애니_Annie_, 크리스티나_Christina_, 데이비드_David_, 메리_Mary_, 나는 모두 조 비테일의 책『돈을 유혹하라_The Attractor Factor_』를 읽고 한마음으로 일하는 마스터마인드 그룹의 멤버들이다. 알 디아스는 조가 제안한 "가치 있는 일에 도전"하여 세상을 더 좋은 곳으로 만들기 위한 임무를 실행하기 위해 우리와 또 몇몇 사람을 더 초청했다.

시간이 지나며 우리 그룹은 가장 창의적이고 의욕이 충만하며 배려심 많은 여섯 사람으로 구성되었다. 우리는 우리의 걸음을 인도할 마스터마인드 그룹의 임무를 빠르게 정하고 지켜나갔다. 가장 좋은 최상의 선택지로 안내하기 위해 각자의 재능을 나누면서 사랑과 삶을 향상시켰다.

우리는 휴일까지 해서 단 3개월 만에『디도서의 개념: 나의 최상의 선을 위한 돈_The Titus Concept: Money, for My Best and Highest Good_』이라는 책과 전 세계에서 접속할 수 있는 웹사이트, 동명의 오디오(영광스럽게도 내가 낭독했다)를 '유일한 선택 마스터마인드 그룹_The Only Option Mastermind Group_'이라는 이름으로 제작했다. 이 전자책은 곧 종이책으로도 출판될 예정이고, 영감 있는 이메일은 '더 좋은 날을 향해'라는 공동체로 이어졌으며, 곧 멘토링 프로그램으로

만나라 그러면 부자가 되리라

만들어져 '유일한 선택 마스터마인드 그룹'을 따르는 사람들에게 제공될 예정이다. 그리고 앞으로도 우리의 '최상의 선'을 위해 많은 혜택이 쏟아질 것이다.

마크 빅터 한센_Mark Victor Hansen_이 옳다. "하나 더하기 하나는 둘이 아니다. 그 힘은 열한 배가 된다." 마스터마인드 그룹 내 사람들이 개인적으로 좇던 단 하나의 별에서 돌아서서 공동의 별자리에 도달하기 위해 서로의 기술과 재능, 능력, 꿈을 결합하면 놀랍고 마법 같은 일이 벌어진다.

우리 여섯 멤버는 동시에 엄청난 시너지 효과를 창출하면서 또 다른 영역으로 들어간다. 무한한 가능성의 영역을 계속 확장하면서 위로 상승하고 있다. 무형의 성과물들이 이미 꽃을 피우고 있다. 멤버들은 '유일한 선택'에서 새로운 작품들을 구체화하고 있다.

마스터마인드 그룹이 앞으로 몇 년 후의 꿈을 훨씬 뛰어넘어 새로운 경지에 오르도록 열정을 북돋움에 따라서 우리는 계속 성장하고 있다. 마스터마인드 그룹의 영향력은 또한 우리 여섯 멤버의 가족과 친구, 동료, 심지어 자신들의 삶에 활기를 북돋아서 준다는 것을 감지한 타인들에게까지 퍼져나간다.

당신이 갈망하고 요구하는 삶에 확실히 책임을 져라. 우리는 모두 우리의 최상의 선을 위해 궁극적 마스터마인드 그룹의 일원임을 알아라. 이것이 유일한 선택이다.

열아홉 살 청년이 마스터마인드 그룹 덕에 '영향력 있는 10대'가 되다: 무하마드 샤릭(Muhammad Shariq, www.SecretsoftheMillionDollarMan.com)

마스터마인드 그룹은 당신을 다음 단계로 올라가게 한다.

마스터마인드 그룹이 내 삶을 180도 바꿔 놓았다. 내가 엄청난 것을 배우고 성공한 사람들의 지지를 받으며 어떤 일들을 실행하고 크게 생각할 용기를 갖도록 도왔으며, 나 자신이 '더 큰' 사람이 되도록 도왔다.

내가 열여섯 살에 네트워크 마케팅팀에 들어갔을 때 우리 팀은 가장 빠르게 성장하는 신생 그룹이었다. 그 이유는 일주일에 두 번 마스터마인드 그룹 모임을 가졌기 때문이다. 우리는 모두 더 성장하도록 서로 도왔다. 어떻게 하면 더 큰 청중에게 닿을 수 있을지 브레인스토밍했고, 우리 모두 확실히 올바른 방향으로 가도록 서로 도왔다.

마스터마인드 그룹의 브레인스토밍 시간은 가장 유익한 시간이었다. 왜냐하면 동일한 정신적 파장을 갖진 열 사람이 모두 해답을 찾으려 애를 쓸 때 성공할 확률이 열 배로 증가하기 때문이다. 실제로 나는 마스터마인드 그룹 덕에 열여섯 살에 나의 첫 네트워크 마케팅 수표(나의 첫 수입)를 벌 수 있었다.

그 후 나는 더 큰 마스터마인드 그룹의 일원이 되었다. 모든 멤버가 나보다 더 성공한 사람들이었다. 큰 기업이나 네트워크 마케팅 회사를 설립하거나 30~40년간의 마케팅 경력이 있거나 전세계를 여행한 사람들이었다. 모임에서 나는 그저 스펀지처럼 흡수했다.

그룹의 모든 사람에게서 내가 할 수 있는 한 많이 배웠다. 이모임에서 한 시간 동안 배운 것을 나 혼자 공부해서 배우려 했다면 1년은 족히 걸렸을 것이다! 또한 나는 그들과 함께하는 일에 최선을 다해 참여했다.

그들이 이벤트를 조직하고 훈련 패키지를 파는 일을 도왔다(물론 수수료를 받았다). 내가 할 수 있는 것이라면 뭐든 도왔다. 그에 대한 보답으로 그들은 내가 도움이 필요할 때 거절하지 않았다.

가끔 나는 이 마스터마인드 그룹에서 내가 혜택을 가장 많이 받는 사람이라고 느꼈다. 나는 이 그룹에 속하기에는 너무 어리고 너무 작았지만 멤버들이 나를 받아주었다. 내가 큰 사람처럼 행동했기 때문이다. 큰 꿈과 용기를 품었고, 큰일을 하기 위한 끈기를 가졌으며, 크게 되어 큰 사람들 사이에 서고자 하는 갈망을 품었다. 그래서 그들이 나를 받아주었다.

많은 경우 나는 마스터마인드 그룹 모임에서 그들이 하는 말을 조용히 듣기만 했다. 나의 역량을 넘어서는 것들에 대해 나눴기 때문이다. 그래서 나는 그들의 대화를 귀 기울여 들으며 배웠다.

이것은 마스터마인드 그룹에 속하면, 몇 년 후 당신 앞에는 불가능이 없어진다는 것을 보여 준다. 당신이 타는 듯한 갈망을 가지고 올바로 행동한다면, 얼마나 큰 사람이든 상관없이, 그들이 당신의 진가를 알아볼 것이다. 그러면 당신은 그들과 가까워질 기회를 잡고 그들에게서 많이 배워라.

나는 이 그룹에 소속되기 전에는 존재감이 거의 없었다. 그룹에 속한 이후 나의 존재가 알려지기 시작했다. 이 그룹의 멤버이기 때문에 맺게 된 관계들이나 만난 사람들은 정말로 어마어마했다! 내가 만난 성공한 사람들의 엄청난 목록을 다 댈 수도 없다. 2003년 가장 빠르게 성장하는 네트워크 마케팅 회사의 창업자를 비롯해 파키스탄에서 네트워크 마케팅 관련 첫 책을 쓴 저자, 백만장자 투자가, 30~40년 전에는 아무것도 아니었다가 바닥부터 시작해 오늘날 상상할 수 없을 정도로 크게 성공한 사람들, 이루 다 말할 수가 없다.

이렇게 나의 관계는 넓어졌다. 사람들이 나와 더 가까워지기 위해 다가왔다. 그들이 나를 또 다른 이벤트나 모임, 세미나에 초대했다. 이것은 마스터마인드 그룹의 멤버가 되는 것에 따라오는 하나의 보너스에 불과하다. 게다가 이 그룹에서 만난 사람들과 맺은 관계, 인연은 평생을 간다. 나는 내 뒤에 나를 받쳐 주는 지지자들이 있음을 확신한다. 내가 필요할 때 기댈 수 있고, 내게 조언해 주는 사람들, 넘어졌을 때 일어서도록 도와주는 사람들, 내게 기운을 북돋우며 나를 믿어 주는 사람들이 있다.

이것은 단지 네트워크 마케팅 분야에서만이 아니다. 내가 마스터마인드 모임에서 배운 것은 네트워크 마케팅 영역을 떠난 뒤에도 한 사람으로서 성장하는 데 도움이 되었다. 현재 나는 '영향력 있는 십 대'라는 뜻의 '틴 포스*Teen Force*' 그룹을 결성했다. 틴 포스의 주된 목표는 전 세계 십 대들과 청년들이 모여 서로가 살아가면서 큰일을 하도록 돕는 마스터마인드 그룹들을 만드는 것이다.

이 그룹은 이미 운영되고 있지만 2008년에 공개할 계획이다. 그리고 올해 말에는 청년과 온라인 사업가들을 위한 온라인 마스터마인드 그룹을 결성할 것이다. 그래서 우리 같은 청년들을 비롯해 다른 사람들이 매주 또는 격주에 한 번 온라인 채팅을 통해서 성장하도록 도울 것이다.

지금 나는 두 개의 주요 마스터마인드 그룹의 멤버이다. 한 그룹의 멤버들은 모두 나보다 훨씬 성공한 사람들이다. 거기서 내가 제일 어리고 경험이 적고 다른 사람들보다 덜 성공했다. 기본적으로 이 그룹에 속함으로써 나는 엄청나게 배운다. 또 다른 그룹은 내가 사는 지역의 틴 포스 그룹이다.

틴 포스의 멤버들은 살아가면서 크게 성공하기 위해 토의하고 서로 돕는다. 이 그룹에서는 내가 가장 성공한 사람이다. 그래서 나는 다른 멤버들이 내게서 배우게 하고, 성공하기 위해 최선을 다하도록 서로 돕는다.

두 개의 마스터마인드 그룹에 참여하는 것은 내게 매우 중요하다. 나와 비슷한 수준으로 성공한 사람들과 한 그룹 안에 있다면 그들과 쉽게 친밀해진다. 나와 같은 수준의 사람들과 있을 때처럼 무엇이든 이야기하고, 더 나아지도록 필요하다면 서로 밀어줄 수 있다. 이런 것은 다른 멤버들이 모두 나보다 훨씬 성공한 사람들인 그룹에서는 할 수 없다. 거기서는 분위기가 아주 다르고 다른 관점에서 유익을 준다. 내 생각에는 두 그룹이 다 필요하다.

마스터마인드 그룹에 참여하는 것의 유익은 이루 다 말할 수 없을 정도로 많다. 책 한 권도 쓸 수 있을 것 같다! 마스터마인드 그룹에 참여하기 전에는 가능하다고 생각하지 못했던 일들도 하게 되는 용기를 얻었다. 2007년에 시작할 큰 사업 계획에 투자하도록, 친분이 있던, 투자자를 설득한 것이다.

나는 누구라도 열아홉 살짜리의 아이디어를 진지하게 받아들이고 그에게 투자하리라고는 결코 생각하지 못했다. 그러나 그 일이 내게 일어났다! 내가 참여한 마스터마인드 그룹에서 맺은 관계와 그들로부터 얻은 신뢰 덕분이었다.

나는 또한 그룹 멤버들이 특별한 이벤트나 세미나를 열 때 도왔고, 거기서 많이 배웠다. 그 덕에 2004년 12월, 내가 국제적 세미나를 주최했다! 그때 나는 단 열아홉 살이었다!

이것은 내가 성취한 일들 가운데 단 몇 가지에 불과하다. 오늘날 내가 있기까지 한 일은 이보다 훨씬 많다. 내가 열아홉 살에 마스터마인드 그룹을 통해서 이 많은 일을 성취했다면 10년 뒤에는 이런 마스터마인드 그룹들을 통해 어디에 가 있을지 상상해 보라! 이제 마스터마인드 그룹에 들어갈 또는 당신의 마스터마인드 그룹을 시작할 준비를 하라!

똑똑… 마스터마인드 그룹이 당신을 부른다: 브래드 예이츠(Brad Yates, www.moneybeyondbelief.com)

누가 무슨 말을 한다 해도 올해는 나에게 경력 사상 최고의 해였다. 내게 이런 성공을 가져온 요인 가운데, 내 삶에 큰 변화가 오기 직전에 시작한, 한 가지 분명한 것이 있다.

내가 마스터마인드 그룹에 참여한 일이다.

나폴레온 힐은 다른 사람들의 돈 OPM*Other People's Money*과 다른 사람들의 지능 OPB*Other People's Brains*를 사용하는 것에 대해 말한다. OPM은 사업을 새로 또는 크게 할 때 중요하고 일반적으로 필요하지만 나는 OPB가 훨씬 더 가치 있다고 생각한다. "두 사람의 지혜가 한 사람의 지혜보다 낫다."라는 속담은 타당하다. 그리고 어느 정도까지는 사람이 더 많을수록 좋다. 전문가들은 8~12명으로 그룹을 구성하는 것이 좋다고 말한다.

전에 나는 다양한 종류의 마스터마인드 그룹에 참여했지만 현재 내가 속한 그룹처럼 체계적이지는 못했다. 그 그룹은 원래 『당신은 부자로 태어났다*You Were Born Rich*』의 저자이자 최고의 판매 및 성공 트레이너인 밥 프록터의 코칭 프로그램 일환으로 만들어졌다. 밥은 많은 마스터마인드 그룹의 멤버들에게 질문서를 제시했고 그것을 바탕으로 누구와 마스터마인드 그룹을 만들지를 결정했다.

그는 또한 성공적으로 마스터마인드 그룹을 운영하기 위한 기본 원칙과 모형도 마련했다. 이로써 매주 갖는 전화 회의가 생산적으로 변했고, 멤버들은 최대의 효과를 얻을 수 있었다. 멤버들이 동일한 기반을 갖도록 모임은 원칙을 낭독하는 것으로 시작했다. 그다음에 일주일간 있었던 본인의 성과와 어려움, 필요에 대해 멤버들이 돌아가며 말했다. 그러면 다른 멤버들은 그 사람에게 긍정적인 말이나 사업 제안 등 칭찬이나 지지하는 말을 해준다.

이런 과정은 내가 현재 하는 일에 집중하도록 도왔다. 여기에는 전문 코치와 할 때와는 또 다른 책임이 따른다. 코치와 함께할 때는 조금 다르다. 전문 코치는 아닐지라도 다양한 영역에서 전문 지식이 있는 많은 사람에게 피드백을 받을 기회가 있다. 현재 내가 참여하는 마스터마인드 그룹에는 다양한 직업과 수입 수준 (여전히 백만장자가 되려고 애쓰는), 심지어 다양한 국적의 사람들이 있다. 모두가 성공과 성장을 위해 노력한다.

　분명, 어떤 그룹이든 성공은 멤버들에게 달려 있다. 내가 참여한 첫 번째 마스터마인드 그룹은 불과 한두 달 만에 흐지부지되어, 처음 열두 명이었던 멤버가 단 두 명만 남았다. 남은 나와 또 한 명의 멤버는 다른 그룹에 들어가는 것이 최선이라고 결정했다. 그 그룹은 모든 멤버가 매주 전화 회의에 참여하지는 못했지만 적어도 중심 그룹이 견고히 유지되는 것이 인상적이었다. 전화 회의에 참여하는 데 누구도 보수를 받지 않는다. 우리는 팀원들을 지지하고 마찬가지로 자신도 지지받기 위해 참여한다. 이것은 효과를 발휘한다.

　나는 이 그룹과 함께하고 몇 달 뒤 본업이라는 안전망을 떠나 나의 진정한 열정을 추구할 용기를 냈다. 그리고 그로부터 6개월 만에 이전 수입의 3배 이상을 벌었다. 다른 멤버들 또한 재정적이고 사적인 영역 모두에서 성장했다.

　나는 또한 EFT(Emotional Freedom Technique: 감정자유기법)를 전문직 종사자들 그룹에 소개하면서 나만의 방법으로 도울 기회를 얻었다. 부의 문제와 관련해 일 년 동안 몇 번 태핑*tapping* 강습을 했다2.

---

2 EFT는 스트레스나 불안, 두려움, 트라우마를 완화하기 위해 몸의 다양한 부위를 손끝으로 두드리는 기법이다. 이 경우 브래드는 많은 부를 소유한 멤버들의 그룹이 겪는 정신적 장애에 주목한다.

내 성공의 얼마만큼이 마스터마인드 그룹에 참여한 것에 기인하는지 정확히 집어내기는 어렵다. 그러나 그것이 결정적인 요인이었음에는 의심의 여지가 없다. 끌어당김의 법칙을 안다면, 긍정적으로 생각하고 느끼는 것이 삶에 좋은 것들을 가져다준다는 것을 안다. 마스터마인드 그룹은 그런 성공할 수 있는 마음 상태를 갖도록 매주 지지를 제공한다.

성공한 교사 대부분이 추천하는 마스터마인드 그룹을 아직 하고 있지 않다면 나와 함께 시작해 보라.

마스터마인드 그룹은 자신감과 집중력을 준다: 민디 허트-오딘(Mindy Hurt-Audin, www.unityofwimberley.com)

나는 많은 마스터마인드 그룹에 참여하고 있다. 그중에 나의 분야와 같은 전문직 종사자들의 그룹과 목표 지향적인 그룹은 매주 만난다. 가장 오랫동안 참여하고 있는 그룹은 샌프란시스코에 사는 아주 친한 친구와 만든 그룹이다. 그 친구와 나는 매주 전화로 개인적이거나 전문적인 부분을 점검해 준다.

마스터마인드 그룹의 멤버가 되었다고 해서 세상이 깜짝 놀랄 결과를 얻었다고 할 수는 없다. 그러나 나는 마스터마인드 그룹에 참여함으로써 본업을 떠나 늘 꿈꾸던 전문 연설가로 살기 위해 내 사업을 시작할 때 필요한 자신감과 집중력을 얻었다. 곁에서 당신을 지지해 주는 사람들과 코치가 있다면 원하던 현장으로 나아가기가 훨씬 쉽다.

가장 강력한 마스터마인드 그룹, '정신적 마스터마인드 그룹': 미스터 긍정, 데이브 부포드(Dave Boufford)

나는 마스터마인드 그룹의 원칙을 나폴레온 힐의 고전 『생각하라 그러면 부자가 되리라』에서 처음 배웠다.

내가 나누고자 하는 마스터마인드 그룹은 다른 그룹들과는 약간 다르다. 나폴레온 힐이 "마스터마인드 그룹은 정신적 단계"라 설명한 것과 실제로 맞아떨어진다. 당신 또한 살면서 이 강력한 마스터마인드 그룹을 활용할 때 이 추가적인 방법을 더하기를 바란다.

여러 해 동안 나는 여러 개의 마스터마인드 그룹에 참여했다. 그 그룹들은 대체로 두 명에서 다섯 명의 멤버, 구체적인 사업 목표를 이루기 위해 결성되었다. 그러나 내가 결성한 마스터마인드 그룹 중 가장 강력한 연합은 현재 내 삶의 반려가 된 아내, 알린*Arlene*과 함께하는 그룹이다.

이것을 가장 강력한 마스터마인드 그룹의 형태라고 생각하는 몇 가지 이유가 있다.

1. **공동의 목표** 우리 두 사람은 장기적 비전과 사명에 대해 의견이 정확히 일치한다. 우리는 어디로 가기를 원하고 어떤 방법으로 가고 싶은지 안다.
2. **서로 다른 강점들** 우리는 마스터마인드 그룹에 서로 다른 강점들을 더한다. 아내는 매우 분석적이고 현실적이며, 나는 몽상가에 크게 생각하며, 모든 가능성을 본다.
3. **화학 반응** 우리 두 사람이 함께하면 조화와 시너지 효과가 있다.
4. **사랑** 우리의 마스터마인드 그룹은 서로에 대한 사랑과 존중, 존경의 결과물이다.

진행 방법은 이렇다. 매해 1월 비격식의 기획 회의로 시작한다. 개인 목표들을 세우고, 두 사람 다 사업가가 되어 우리의 사업적 목표들도 설정한다. 최소 한 달에 한 번 모여서 목표를 향한 진행 상황을 이야기하고, 조정이 필요한지 검토한다.

우리는 2년간 이 방식으로 아주 잘해 왔기에, 나는 우리가 결성한 마스터마인드 그룹의 힘에 대해 정말로 마음을 열게 되었다.

자세한 내용은 생략하겠지만, 나는 마스터마인드 파트너와 상의한 후 3년 반 동안 일을 그만두고 나의 꿈을 좇아 새로운 대안 뉴스 서비스인 PNN-포지티브 뉴스 네트워크를 만들기로 결정했다.

나는 몇 년에 걸쳐 여러 가지 사업을 했지만 꿈을 하나의 사업으로서 온전히 시간을 들여 추구하지는 못했었다. 그러니 이것은 전적으로 꿈을 좇는 나를 지원하는 알린의 믿음의 도약이었다.

그러나 나는 미지의 길로 나아갔을 때까지는 우리의 마스터마인드 그룹이 얼마나 큰 힘이 있는지 깨닫지 못했다. 당신이 이전에 하던 일과 완전히 다른 새로운 영역에서 사업을 시작해 봤다면 그것이 얼마나 두렵고 도전이 되는지 이해할 것이다.

마스터마인드 그룹 파트너에게서 얻은 힘과 지혜, 끈기, 격려 덕에 나는 계속할 수 있었다.

지난 18개월간은 이 일을 포기하고 정기적인 급료를 받아 경제적, 정서적으로 안정을 얻고 싶은 마음이 들어 힘들기도 했지만 마스터마인드 그룹 파트너가 내 길을 계속 갈 수 있게 해주었다.

마스터마인드 파트너가 주는 조언과 충고, 정서적 지원은 나를 굉장히 겸손하게 만들었다. 나의 마스터마인드 그룹은 집중해서 계속 산을 오르도록 동기를 부여했다.

마스터마인드 그룹을 통해 나는 꿈꾸던 사업을 실현했을 뿐만 아니라 또 하나의 굉장한 유익을 얻었다. 우리의 관계와 서로에 대한 사랑이 말로 다 표현할 수 없을 정도로 더욱 깊어지고 강력해진 것이다.

그런데 우리와 같은 마스터마인드 그룹을 만들기 위해 급히 결혼하지는 마라. 그저 당신을 진정으로 사랑하고 믿어 주는 사람과 '정신적 마스터마인드 그룹'을 만들 가능성에 마음을 열어라3.

전자책 코치: 엘렌 비올레트
(Ellen Violette, SellMoreEbooks.com)

나는 처음 온라인 비즈니스를 시작했을 때 약 40명의 메일 주소를 갖고 있었다. 고객 리스트를 만들도록 매트 베이컥*Matt Bacak*이라는 코치를 고용했다. 그는 고객들과 마스터마인드 그룹도 만들었다. 그의 전략 중 하나는 선물을 주는 것이었다. 이 전략을 세 단계에 걸쳐 진행했다. 먼저 200명의 이메일 리스트를 만든 다음 230명의 새로운 이메일 리스트를 연결하고, 마지막으로 441명의 리스트를 가져오는 것이다. 그리고 제공하는 선물은 계

---

3 데이브 부포드는 일명 '미스터 긍정'으로 유명하고, PNN 포지티브 뉴스 네트워크의 설립자이다. PNN은 현재 120개국 만 명 이상의 구독자를 둔 '포지티브 뉴스'라는 인터넷 일간지를 발행하고 있다. www.PositiveNews.net에서 '미스터 긍정'을 만날 수 있다.

속 커진다.

나는 또한 세 명의 합작 투자 파트너를 만났고, 그들 중 하나인 매트 젬브루스키*Matt Zembruski*와는 마스터마인드 그룹 친구가 되었다. 우리는 일주일에 한 번씩 정기적으로 전화 통화로 정보와 전략, 좋은 기회, 자원들에 대해 나누고, 서로를 격려했다.

매트와의 관계는 내 사업에서 매우 귀중하다. 실제로 그는 현재 나와 매우 친한 친구이다. 마스터마인드 그룹에서 만난 또 한 명의 공동투자 파트너인 토드 리스*Todd Reese*는 '인터넷 옥션 전문가'이다. 그는 현재 디지털 상품을 이베이에서 판매하도록 나를 돕고, 나는 그가 온라인상에서 더욱 눈에 띄도록 돕고 있다. 나는 매트와 토드 두 사람을 짐 에드워즈*Jim Edwards*에게 소개했다. 그들은 내가 짐과 공동 집필하고 있는 『더 많은 전자책을 팔아라! 당신의 전자책 매출을 급등시키기 위한 비용이 들지 않는 전략*Sell More eBooks! Low & No Cost Tactics to Explode Your eBook Sales & Downloads*』에 많이 기여했다.

나는 또한 마스터마인드 그룹이 다양한 배경과 재능을 가진 사람들이 정보를 나누고 서로 돕는 방법으로 매우 유용하다고 생각한다. 나의 남편이자 '창조적 정신 훈련*Creative Mind Training*'의 창시자인 크리슨 비올레트*Christen Violette*는 다른 마스터마인드 그룹 멤버들로부터 상품을 판매하는 데 도움을 받았다. 이처럼 우리는 서로서로 돕는다. 또한 소프트웨어와 다양한 상품, 최신 세미나,

사업에 도움이 될 만한 여러 기회 등 마스터마인드 그룹이 아니었다면 몰랐을 많은 것을 알게 되었다.

최근에 우리는 매트 베이첵의 새 책『가장 앞선 세대의 전략*The Ultimate Lead Generation Plan*』이 반즈앤노블과 아마존에서 판매 1위에 오르도록 도왔고, '해비타트*Habitat for Humanity*' 기금으로 2만 달러 이상을 모았다. 굉장하다고 느꼈다!

나는 이 마스터마인드 그룹이 굉장히 유용하다고 생각해 나의 전자책 수익 마케팅 프로그램을 위한 그룹을 하나 시작했다. 이 프로그램을 거친 사람은 누구든 마스터마인드 그룹에 참여할 수 있다. 그리고 나의 고객들은 나와 계속 연결될 기회를 가질 뿐만 아니라 서로 협력하고 각자의 사업을 성공시킬 기회를 얻는 것을 매우 소중히 여긴다.

마스터마인드 그룹은 사업 관계뿐만 아니라 우정을 쌓고, 정보를 교환하며, 서로 격려하고, 사업을 위한 창의적 아이디어와 해결책을 발전시킬 수 있는 멋진 곳이다. 성공을 위해 사업과 에너지 효율을 높이고자 하는 사람들에게 마스터마인드 그룹을 강력히 권한다.

나는 당신을 알 필요가 없습니다, 마크를 아니까요: 마크 와이저(Mark Weisser), 록우드 은행 부사장 프랭크 하손(Frank Hathorn)

이 말은 나를 여전히 전율하게 만든다. 휴스턴에 위치한 스테이셔너리 앤드 퍼니싱*Stationery & Furnishings*의 소유주 댄 밸디즈*Dan Valdez*가 나와 거래하는 은행원과 전화 통화를 한 후 은행원의 말을 내게 전했다. 나와 거래하는 은행원은 프랭크 하손이었다.

프랭크는 내가 '관계 중심의 은행가'라 부르는 매우 드문 사람이었다. 프랭크에게는 당신의 말이 계약이고, 서류작업은 은행 감독관을 위한 파일이었다.

내가 하려는 이야기는 마스터마인드 그룹의 잠재력과 그것이 할 수 있는 것을 완벽히 보여 준다. 시간이 있다면 내게 일어난 일을 들어보라. 아니, 댄이 직접 하는 말을 듣는 게 더 좋겠다.

기분 좋은 월요일 오후 5시 15분쯤이었다. 나는 집에 가는 중이었는데 휴대전화가 울렸다. 휴대전화 화면에 내가 거래하는 은행원의 이름이 떴다.

나는 그녀가 늦은 오후에 전화 주는 것을 이상히 여기며 전화를 받았다. 그녀는 간단한 인사 후 은행에서 내 대출 상환일을 연기해 주지 않겠다고 3일 뒤 연락이 갈 것이라고 알려 주었다. 이 말은 3일 안에 내가 대출금을 다 갚아야 한다는 뜻이다. 전부 다 현금으로 말이다. 무슨 수를 써서라도 말이다.

첫 충격이 가신 후 처음으로 한 질문은 다음과 같았다. "정말인가요? 내가 뭘 했기에 이렇게 됐지요?" 그녀는 이 상황이 사실이지만 나 때문에 벌어진 일을 아니라고 말했다.

나는 전화를 끊고 생각했다. 대출금을 갚을 방법이 도무지 없었다. 15만 달러를 마련해야 한다고? 말도 안 된다.

내가 가진 현금은 전부 다 재고품과 선납급으로 지불되었다. 나는 그날 밤 두려움에 사로잡혀 거실을 왔다 갔다 했다. 밤이 깊어갈수록 나는 생계 수단과 가족의 안전, 나 자신의 존재까지 전부를 잃을 것 같았다. 처음 겪는 두려움이었다. 잠도 달아나고, 마음이 안정되지 않았다. 엄청난 두려움과 불안만 엄습했다.

평소대로 아침이 밝았다. 완전히 녹초가 된 나는 나가고 싶지 않았다. 그냥 포기하고 불가피한 파산이라는 다음 단계를 밟고 싶었다. 익숙한 삶이 급작스레 바뀌었다.

그날 나는 아침 일찍 일어나 마스터마인드 그룹 모임에 참석할 예정이었다. 우리는 모임을 원탁회의라 불렀다. 그날은 정말이지 모임에 가고 싶지 않았다. 그냥 모든 게 다 사라져 버렸으면 싶었다.

그러나 여러 해 사업을 한 나는 책임감을 느꼈다. 오래 알아 온 마스터마인드 그룹 멤버들은 내가 참석하리라고 확신하고 있을

터였다. 그래서 나는 모임에 나온 누구도 내 곤경을 알지 못하고 내 상황을 안정시켜 주지 못할 것이기 때문에 시간 낭비라 생각하면서도 모임에 나갔다.

한편으로는 모임에서 내 상황을 이야기하고 위로와 감정적 지지를 받으면 적어도 위안을 얻을 수는 있겠다는 생각이 들었다. 나는 모임에서 내게 일어난 일과 생각한 것을 이야기했다. 강력한 감정적 지지를 받았지만 실제 돈 문제는 조금도 해결되지 않았다. 나는 모임을 마쳤고, 내 회사의 종말이라는 다음 단계를 맞으러 사무실로 갔다.

정확히 10시에 내 휴대전화가 울렸다. "안녕하세요, 댄. 나는 록우드 은행의 프랭크 하손입니다. 당신이 지금 거래하는 은행과 문제가 생겼다고 들었습니다."

그러고는 내 친구이자 원탁회의 멤버인 마크 와이저에게서 내 이야기를 들었다고 말했다.

그가 나와 대화를 조금 더 한 뒤 말했다. "당신의 거래 은행에 전화해서, 우리가 대출금을 갚겠다고 하세요. 내가 하루 이틀 내로 서류를 책임지겠습니다."

나는 꿈을 꾸는 듯했다! 내가 말했다. "프랭크, 은행 일이 어떻게 그렇게 되겠습니까? 당신은 나나 나의 회사, 나의 신용 가치에 대해 모르지 않습니까?"

그의 대답은 간단하면서도 의미심장했다. "나는 당신을 알 필요가 없습니다. 마크를 아니까요."

이튿날 돈이 내 계좌로 들어와 대출금을 다 갚았다.

그 말은 몇 해 전만큼이나 지금도 생생하다. 나는 좋을 때나 나쁠 때나 서로 도우려는 사람들, 귀 기울여 듣고 도전하며 도움을 주고 가장 필요한 때 행동을 취하는 사람들로 이뤄진 마스터마인드 그룹의 힘을 배웠다.

현재 마크는 여전히 나의 친구이자 최고의 지지자이다. 내 아내의 장례식 때 그리고 모든 좋은 때에 그와 원탁회의의 멤버들 모두가 함께했다. 우리는 모두 가장 필요한 때 함께 있었다. 그리고 지금도 서로의 성공과 미래에 대해 관심을 갖는다. 나는 이 사람들과 원탁회의 그룹에 대해서 날마다 하나님께 감사드린다.

이제 내 말의 의미를 알겠는가? 내가 앞의 이야기 속 마크 와이저이고, 댄의 말은 여전히 내 마음을 울린다. 이 이야기는 마스터마인드 그룹의 힘을 잘 보여 준다.

마스터마인드 그룹은 소규모로, 넷에서 여덟 명의 멤버가 이상적이다. 이런 그룹의 목표는 사업과 개인적인 일을 서로 돕는 것이다. 존중과 신뢰가 마스터마인드 그룹을 기능하게 하는 결속력이다. 멤버들은 당신 회사의 이사회로서 어려운 질문들을 할 수 있고, 배우자가 죽었을 때 정신적으로 기댈 어깨가 될 수 있다.

그들은 당신이 힘든 시기를 통과할 때, 가령 직원이 횡령하거나 위기 때 팀 리더가 임신하거나 물건이 팔리지 않고 쌓일 때 신뢰할 사람들이다. 회사의 매출 구성에 도움을 요청하거나 다음에 쓸 책에 대한 조언을 구할 사람들이다.

좋은 것 같지 않은가? 그렇다면 마스터마인드 그룹은 어떻게 하는 것일까?

몇 가지 고려해야 할 지침이 있다.

- 멤버들의 성격이 조화를 이뤄야 한다. 서로 잘 맞을 것 같은 사람들을 모은 다음 그룹 안에서 남을 사람과 떠날 사람이 정해지도록 하라.
- 멤버들이 구성되면, 그룹은 새 멤버를 추가할 때마다 만장일치로 투표한다.
- 원탁회의에서 나온 말을 밖으로 가져가면 안 된다. 이것은 기본 규칙이다.
- 모임 때마다 멤버들은 참석했음을 알린다.
- 특별한 상황이 아니면 멤버들은 차례대로 자신의 상황을 이야기하고, 도움이나 조언을 구한다.
- 멤버들은 모임을 통해 나오고 발전된 과제를 실행하도록 책임을 진다.
- 다음 모임 때까지 서로 연락하고 소통하는 것이 그룹이 성공하는 데 결정적으로 중요하다.
- 원탁회의 모임 사이 멤버들 간에 일대일 모임은 서로 관계가 돈독해지고 그룹에 시너지 효과를 내기 위해 중요하다.

· 한 명을 의장으로 선출해 그룹을 이끌도록 한다. 그래야 모임이 충실히 지속된다.

· 달 또는 주 단위로 모이는 날과 시간을 정하고 그 시간을 엄격히 지켜야 한다. 모임에 한 번 빠지는 것은 괜찮지만 반복적인 불참은 그룹에서 제명될 근거가 될 수 있다.

· 모임의 기본적인 과제들을 지켜야 한다. 모임 시간을 효과적으로 사용하고, 단순한 사교적 대화는 피해야 중요한 사업 이야기나 상황에 따라 심각한 문제들을 다룰 수 있다.

짧은 이야기 하나만 더 하고 끝내겠다. 내 이야기인데 그리 길지 않다.

나는 현재 15년째 '도버 클럽*Dover Club*'이라는 비즈니스 클럽의 회원이다. 클럽은 텍사스주 휴스턴이 있는데, 모든 분야의 사업가들을 위한 멋진 곳이다. 큰 규모의 마스터마인드 그룹처럼 기능하며, 이른바 원탁회의 또는 마스터마인드 그룹이라 불리는 소그룹 결성하기를 장려한다.

여러 해 전 나는 이 클럽의 한 멤버인 도나 피셔*Donna Fisher*와 점심 약속을 했다. 그녀는 막 책을 한 권 쓴 상태였고, 나는 전문 분야에 관한 책을 쓰는 데 관심이 있던 터라 집필 과정과 관련해 이야기 나누고 싶었다.

그녀는 나와 만나서 점심 먹는 시간 대부분을 책을 집필하는 과정뿐 아니라 집필을 끝낸 후 해야 할 일에 대해 코치해 준 환상적인 작가에 대해 이야기했다. 그녀가 말했다. "그 사람을 만나봐야 해요. 내가 소개해 줄게요."

그녀는 그렇게 했다.

나는 그 작가를 만나 배웠고, 그 작가와 친구가 되었다. 그 작가가 조 비테일이다.

당신의 재능과 능력을 증가시켜라. 마스터마인드 그룹을 만들거나 참여하라. 효과가 있다.

때로는 게임의 대가를 지불해야 한다: 에이미 루퍼(Amy Looper)와 베스 칼스(Beth Carls)

최근에 '측근 그룹'이라는 새로운 형태의 모임이 마스터마인드 그룹 내에 생겨났다. 측근 그룹이라는 용어는 예전부터 사용되었다. 이것은 당신에게 관심을 가지며 당신을 위해 존재하는 사람들의 그룹이다. 개인적일 수도 있고 사업 중심일 수도 있다.

몇 년 전 벤 스틸러*Ben Stiller*가 출연한 매우 재미있는 영화 〈미트 페어런츠*Meet the Fockers*〉라는 영화에서 측근 그룹이 언급되었다. 영화에서 로버트 드니로*Robert De Niro*가 연기한 예비 장인은 벤 스틸러를 수상쩍게 여긴다. 그래서 그를 사위로 맞이하고 가족의 '측근 그룹'에 받아들일 것인지의 문제를 놓고 테스트한다.

또 다른 측근 그룹으로, 나의 사업 파트너인 베스 칼스와 내가 결성하고 18개월째 모이는 '계몽된 백만장자 협회의 측근 그룹 *Enlightened Millionaire Institute's Inner Circle*'이 있다. 거기에는 마크 빅터 한센과 로버트 G. 알렌*Robert G. Allen*에게 개인적으로 멘토링을 받는 전 세계에서 온 100명의 사업가가 있다. 이들의 이름에 익숙할 것이다. 마크 빅터 한센은 『영혼을 위한 닭고기 수프*Chicken Soup for the Soul*』시리즈의 비범한 공동 저자이며, 로버트 G. 알렌은 세계적이고 선도적인 재정 및 부동산 전문가이다.

이 새로운 측근 그룹에 속하려면 회비를 내야 하지만 대신 해당 분야에서 유명한 전문가의 멘토링을 받는다. 일반적으로 매주 모임은 원격 화상회의로 이뤄지는데, 그야말로 세계 도처에서 사람들이 참여하기 때문이다. 웹 기반의 개인 비밀번호가 보호되고, 신기술 장비로 그룹에 접속이 유지된다. 또한 풍부한 경험을 하기 위해 세계 어느 곳을 망라해 분기별로 한 장소를 정하고 그곳에서 3~7일간 그룹 모임을 갖는다.

우리는 이것을 '몰입형' 모임이라고 부른다. 밥과 마크, 다른 측근 그룹의 멤버들뿐만 아니라 유명한 게스트들로부터 배우는 것에 몰입하기 때문이다. 이러한 경험을 하는 데는 어마어마한 시간과 재정의 헌신이 필요하다. 바로 이것이 '유료' 측근 그룹이 의미하는 것, 즉 빠르게 전진하기 위한 높은 기대와 결과이다. 새로운 아이디어 창출이든 기존 상품이나 서비스의 빠른 시장 대응이든 말이다.

유료 측근 그룹에 참여함으로써 나와 나의 파트너는 앞서 언급한 매우 성공한 두 명의 사업가와 만났고, 그들의 비즈니스 측근 그룹에도 참여할 수 있게 되었다. 우리는 성공한 사람들과 함께 우리의 버전을 높이고 네트워크를 빠르게 확장시키길 원했다. 이 방법이 아니라면 불가능했을 것이다!

마크와 밥은 그들의 첫 책 『1분 백만장자*The One Minute Millionaire*』에서 백만장자 대부분이 엄청난 성공을 가져다주는 일련의 특징과 비슷한 과정을 공유한다고 기술했다.

그들은 '꿈+팀+주제=백만장자의 물줄기', 이런 3단계를 '백만장자 방정식*Millionaire Equation*'이라 부른다. 잠시 상상해 보라. 당신은 아마 사업에서 더 성공하기를 또는 개인적으로 더 성공하기를 원할 것이다. 아니면 흥미 없는 직장을 그만두고 당신의 사업을 시작하기를 원하거나 현재 하는 좋아하는 일을 더 높은 단계로 올리길 원할 것이다. 지금 당장 당신이 원하는 무엇이든 상상해 보라… 그것들을 이뤘는가?

다음의 공간에 써 보라. (베스와 나 역시 이런 연습을 했다. 이 간단한 연습을 통해 우리의 사업과 측근 그룹에 어떤 일들이 생겼는지 잠시 뒤에 나누겠다.) 자, 잠시 상상해 보라.

만나라 그러면 부자가 되리라

이제 자신에게 질문해 보라.

"내가 얼마나 빨리 _____을 이룰 수 있을까?"

당신의 꿈을 적었으니, 다음 단계는 갈망과 꿈을 실현하도록 도울 측근 그룹을 만드는 것이다. 그렇게 하면 우리가 경험했듯 당신 혼자 할 때보다 더 빠르고 더 잘 꿈을 실현할 수 있다!

마크와 밥은 최근에 출간한 책 『백만장자 코드 부수기 *Cracking the Millionaire Code* 』에서 측근 그룹을 "아이디어 인큐베이터"라고 정의한다. 그리고 측근 그룹 멤버들은 '천사'들과 같다고 하며 이렇게 기술한다. "뉴욕에서 브로드웨이에 투자하는 사람들은 오랫동안 '천사들'이라고 불렸다. 당신의 측근 그룹 천사들은 명확한 과제를 성취하도록 당신의 시간과 재능, 아이디어 등 자원에 '투자'하는 사람들이다."

크고 작은 그룹 안에서 평가받고 멘토링 받는 다양한 기회를 얻고 밥과 마크의 단도직입적인 지혜의 혜택을 받으며 다양한 멤버들과 일대일의 우정을 쌓은 우리는 실전을 경험하기 시작했다. 조 비테일 박사라면 우리가 경험에서 필요한 것을 '끌어내기' 시작했다고 표현했을 것이다.

우리는 아이들을 위한 우리의 첫 책 『어떻게 해야 하는지 알고 싶어요 *I Wish I Knew What to Do?!* 』를 출간했다. 마크와 밥의 홍보담당자가 책 소개 글을 쓰게 함으로써, 우리 책은 USA 투데이, 뉴욕 포스트, 피플, 타임, CNN 헤드라인 뉴스에 기사가 실렸고, 우리는 수많은 라디오 방송에서 인터뷰했으며, 책에서 다룬 사이버폭력 문제와 관련해 전문가가 되었다.

우리는 측근 그룹이 소개한 새로운 판매 방향과 더 나은 판매원, 혁신 기술 기반의 마케팅 도구를 사용해 회사의 판매 초점을 개선했다. 몇 가지 예를 들면 『수요의 혁신 *Innovation on Demand*』과 『세계의 절반은 미쳤을까? *Is Half the World Crazy?*』의 저자 알렌 파든 *Allen Fahden*과 만났고, 교육 영역에 관하여 그와 함께 공동 집필하고 있다. 우리의 관대한 측근 그룹 멤버들은 가능하면 시간과 전문 지식을 무료로 제공한다. 우리는 우리만의 네트워크로는 불가능했을 정도로 수없이 많은 사람을 만났다.

우리는 이전의 회사를 상장했음에도 이전보다 더 나아지기 위해 새로운 기술을 배우고 새로운 네트워크를 만들어야 했고, 그것을 측근 그룹을 통해 해냈다. 당신 역시 할 수 있다.

우리는 마크와 밥의 폭넓은 네트워크를 통해 조 비테일과 친분이 있었지만 측근 그룹을 통해서 '끌어당기는 요인'을 강화하고, 조 비테일을 소개해 준 이전의 네트워크 그룹의 친구들을 다시 만났다.

당신이 마스터마인드 그룹이나 원탁회의, 측근 그룹을 할 때 반드시 알아야 할 중요한 점과 성격 특성에 대해 이야기하며 마치겠다. 그것은 바로 '상호 이익의 법칙'이다. 당신이 먼저 기꺼이 봉사하고, 오직 풍부함만 창조하고 끌어당기며 결핍은 드러내지 않겠다고 약속해야 한다. 다른 사람들을 부유하게 만들어라. 그러면 당신이 부유해질 것이다.

당신의 측근 그룹이 성공하기를 바란다!

둘이면 중분하다:
존 J. 오켈러헨(John J. O'Callaghan)

나는 나폴레온 힐의 『생각하라 그러면 부자가 되리라』에서 마스터마인드 그룹의 개념을 처음 접하고는 매우 위험하다고 생각했다. 나폴레온 힐은 유명했던 죽은 사람들의 영혼을 불러내어 함께 원탁에 둘러앉아서는 어느 주어진 상황에서 그들이라면 어떻게 했을지를 묻는 상상을 했다고 했다.

당시에 나는 열아홉 살이었다. 나는 아일랜드에서 자랐는데, 그곳에서는 나를 두렵게 하는 유령 이야기와 초자연적인 현상이 많이 일어났다. 그래서 나는 신비학이나 강신론, 흑마술에 관하여 내가 구할 수 있는 모든 책을 읽었고, 그 결과 나폴레온 힐의 제안이 왜 위험한지를 알고 있었다.

몇 년 후 나는 한 동료와 친해졌다. 우리는 날마다 성공과 돈,

권력에 대해 이야기했고, 우리의 꿈이나 생각, 아이디어들에 대해서도 나눴다. 서로의 사업 아이디어에 대해서 의견을 나눴다. 토론도 했다. 나의 주장이 더 논리적이고 신빙성이 있으면 내가 이겼고, 그의 주장이 더 논리적이고 신빙성이 있으면 그가 이겼다.

충격적인 것은, 우리가 나폴레온 힐의 마스터마인드 그룹 개념을 실제로 활용하고 있었고, 그것이 마법처럼 작용했다는 점이다. 우리는 반반씩 투자하여 사업을 시작했고 상대적으로 매우 단기간에 성공했다.

나중에 우리는 세 명의 파트너를 더 끌어들였다. 그러나 잘되지 않았다. 돈을 거의 다 잃었다. 그래서 두 명의 파트너를 더 합류시켰다. 우리는 돈을 벌었지만 행복하지 않았고 지분을 급히 팔았다.

나의 첫 파트너와 나는 더는 함께 사업을 하지 않지만(그는 영국에, 나는 미국에 거주하고 있다.) 매주 전화 통화를 하며 흥미로운 사업 아이디어를 교환한다.

마스터마인드 그룹은 효과적이지만 마음이 같고 정말로 신뢰할 만한 사람들이 매우 드문 것이 문제이다4.

---

4 '당신의 사업가 IQ 테스트'와 '파트너에 대한 진실'이라는 존의 두 보고서를 무료로 받아 보고 싶다면 johnocallaghan29@comcast.com으로 메일을 보내라.

마스터마인드 그룹에 관한
질문과 대답

"팀워크는 공동의 비전을 위해 함께 일하는 능력이며, 조직의 목표를 위해 개인의 기량을 지휘하는 능력이다. 이것이 바로 보통 사람들이 비범한 결과를 얻게 만드는 연료이다."

- 앤드루 카네기

질문: 함께 마스터마인드 그룹을 시작할, 마음이 같은 사람들을 어디에서 찾을까요?

대답: 지금 당신이 있는 곳에서 시작할 수 있습니다. 교회 그룹이나 로터리 클럽 같은 비즈니스 그룹에 참여함으로써 무엇이든 할 수 있습니다. 온라인상의 토론에 참여할 수도 있습니다. 지역 신문이나 온라인상에 광고를 내면 됩니다. 우체국에 줄을 선 사

람 중에서 마스터마인드 그룹에 관심이 있는 사람이 있는지 이야
기해 볼 수도 있고요.

질문: 어떻게 하면 사람들이 자기 아이디어를 다른 사람에게
빼앗길 염려 없이 나누도록 분위기를 만들 수 있을까요?

대답: 신뢰가 좋은 마스터마인드 그룹의 기본 요소입니다. 그
러나 너무나 많은 사람이 아이디어를 도난당할까 봐 두려워합니
다. 이런 두려움 때문에 많은 아이디어가 실행되지 못하고요.

질문: 개인적 친분은 없지만 전문가들과 모여 그들의 지식을 활
용하는 것이 나을까요? 아니면 아직 전문 지식은 없지만 친구들과
그룹을 이뤄 함께 배워가면서 경험을 나누는 것이 나을까요?

대답: 많은 사람이 자신의 가치와 경험을 과소평가합니다. 어
떤 사람이든 다른 사람에게 없는 경험이 있거나 교육을 받았을
수 있습니다. 세상을 보는 관점이나 일하는 방식, 삶의 방식이 다
를 것이고요. 따라서 당신의 기여하는 것은 값을 매길 수 없을 만
큼 귀중합니다. 이는 마스터마인드 그룹에 참여하는 누구나 마찬
가지입니다. 정원사의 생각이 당신을 일깨울 수 있고, 당신의 아
이디어가 정원사를 일깨울 수 있습니다. 모든 사람이 어떤 분야
어떤 면에서든 전문가이므로 '전문가'라는 지칭에 집중하지 마십
시오.

질문: 마스터마인드 그룹의 목적은 무엇인가요?

대답: 그것은 당신에게 달려 있습니다. 당신이 계획을 짤 때 결정하면 됩니다. 어떤 목표를 성취하거나 프로젝트를 완수하거나 회사나 공동체 등에서 무언가를 창조하는 등, 한 가지 결과에 집중하면 됩니다. 거듭 말하지만 세상은 당신의 것입니다.

질문: 내가 얻을 수 있는 만큼 줄 수 있을까요?

대답: 이것은 자존감과 관련된 질문입니다. 모든 사람은 그 사람만의 독특한 부분에서 기여합니다. 다섯 살짜리 아이를 마스터마인드 그룹에 초대해도 아이의 제한된 교육과 경험에도 불구하고 당신들과 다른 관점을 얻을 수 있습니다. 당신은 다섯 살짜리 아이의 말 또는 행동에서 영감을 얻어 목표를 이룰 수도 있습니다. 모든 사람이 무언가를 제공할 수 있습니다.

질문: 어떤 비밀 유지 계약이 마스터마인드 그룹에 적합할까요?

대답: 없습니다. 어떤 사람에게 비밀 유지 조항에 서명하기를 요구한다면 그것은 그를 믿지 못한다는 의미이므로 그 사람은 모욕을 느낄 것입니다. 그러나 당신의 그룹 멤버 모두가 법적인 비밀 유지 계약에 서명하는 것을 좋다고 여긴다면 그렇게 하십시오.

질문: 마스터마인드 그룹을 결성한 후 목표에 계속 집중할 수 있는 가장 좋은 방법은 무엇인가요?

대답: 당신이 원하는 목표라면 집중하기 쉬울 것입니다. 이 질문은 마치 다음과 같이 묻는 것과 같습니다. "나는 담배를 끊고 싶지 않은데 어떻게 하면 담배를 끊을 수 있을까요?" 멤버들이 마스터마인드 그룹에서 합의한 목표에 관심이 없다면 그 그룹은 지속되지 못합니다. 다시 말하지만, 사람들을 그룹에 가입시킬 때 그룹의 목표를 명시해야 합니다.

질문: 어떤 사람이 리더가 되어야 하나요? 그리고 그에게 요구되는 훈련이나 기술은 무엇인가요?

대답: 당신이 리더가 될 수 있고, 리더에게 요구되는 훈련이 따로 있지 않습니다. 마스터마인드 그룹은 무엇을 가르치는 것이 아니라 멤버들이 합의한 목표를 이루기 위해 서로 나누고 지원하는 것임을 명심하십시오.

질문: 나는 몇 개의 마스터마인드 그룹에 참여했는데, 항상 규칙과 절차들 때문에 흥미를 잃었습니다. 마스터마인드 그룹에 반드시 규칙이 필요한가요? 브레인스토밍을 위한 비격식적 모임도 마스터마인드 그룹과 같은 기능을 할까요?

대답: 마스터마인드 그룹에는 많은 규칙이 필요 없습니다. 그

리고 오직 브레인스토밍만을 위한 그룹을 만들 수도 있습니다. 그러나 적어도 모임 시간 규정이 없다면 그룹은 주제를 감당할 수 없거나 주제에서 벗어날 수 있습니다.

질문: 모임 때마다 구체적인 주제를 어떻게 정하나요? 그리고 어떻게 하면 모든 멤버에게 동일한 시간을 배분할 수 있을까요?

대답: 어떤 그룹은 모임 전에 미리 주제를 선정하고, 또 어떤 그룹은 그렇게 하지 않습니다. 하나의 방법은 모임 초반에 토론할 주제 목록을 브레인스토밍하는 것입니다. 그러나 모임 때마다 주제를 정할 필요는 없습니다. 윔벌리 그룹에서는 각 멤버가 자신이 이야기할 화제를 정합니다. 각 멤버에게 할당되는 발언 시간도 정합니다. 우리 그룹에서는 20분으로 합니다. 어떤 그룹은 10~15분을 줍니다. 이때 디지털 타이머를 사용해 시간을 확인하기를 권합니다. 작은 알람 시계를 이용하면 시간이 되었을 때 알람이 울려 모든 사람이 들을 수 있어서 좋습니다. 우리는 디지털 모래시계를 사용합니다.

질문: 나는 늘 컴퓨터를 사용합니다. 그리고 마스터마인드 그룹의 중요한 요인 중 하나가 직접 대면해서 모이는 것이라 생각합니다. 직접 만나는 것이 얼마나 중요한가요? 온라인 컨퍼런스나 이메일, 화상회의로도 동일한 이익을 얻을 수 있을까요? 아니

면 대면 모임이 더욱 우선시되는 이유가 있나요?

대답: 우리는 인터넷 마케터와 저자들로서 컴퓨터를 많이 사용합니다. 매주 마스터마인드 그룹 모임을 위해 한두 시간 집 밖으로 나와 다른 사람들과 직접 대면하여 상호작용합니다. 사무실이나 소매점에서 일하는 사람들에게는 이런 사교적 활동이 비교적 덜 중요할 수 있습니다.

대면 모임의 장점에는 유인물이나 상품 견본, 자료를 직접 돌릴 수 있다는 점도 있습니다. 그리고 말하는 사람을 직접 볼 수 있기에 브레인스토밍이 더욱 활발히 진행될 수 있습니다.

대신에 오가는 시간이 들고 만족스러운 장소를 찾아야 하며 멤버들이 서로 가까운 지역에 살아야 한다는 것이 단점입니다. 온라인이나 전화를 이용한 모임은 오가는 시간이나 모임 장소의 구애를 받지 않습니다. 그래서 먼 지역에서 사는 사람들과도 마스터마인드 그룹을 할 수 있습니다. 덕분에 멤버들을 충분히 구해 견고한 그룹을 결성하기가 쉽습니다. 또한 경쟁할 걱정 없이 같은 분야의 사람들과 마스터마인드 그룹을 결성할 가능성도 열어 줍니다. 예를 들면 샌디에이고에서 기타 판매점을 운영하는 사람이 애틀랜타나 필라델피아 맨체스터, 파리, 시드니에 있는 기타 판매점 운영자들과 경쟁하지 않고 마스터마인드 그룹을 만들 수 있지요.

질문: 모든 멤버가 이미 성공한 사람들이어야 할까요? 돈을 충분

만나라 그러면 부자가 되리라

히 벌지 못한 상태에서 어떻게 마스터마인드 그룹을 결성하나요?

대답: 이미 성공해야만 마스터마인드 그룹을 만들 수 있는 것은 아닙니다. 초심자들도 20년의 경험이 있는 사람들과 마찬가지로 마스터마인드 그룹에서 동일한 이익을 누릴 수 있습니다. 그리고 대여섯 명의 완전한 초보자들의 그룹이 혼자서 성공하려고 애쓰는 사람보다 성공할 확률이 훨씬 높습니다. 경험과 상관없이 마스터마인드 그룹 내 사람들은 파트너들에 대해 책임감을 갖고 연구와 자원을 공유하고 브레인스토밍하며 아이디어에 대해 피드백을 받습니다.

질문: 그룹 내 부정적인 사람들은 어떻게 다루나요?

대답: 예방이 치료보다 훨씬 효과적입니다. 부정적인 사람을 그룹에 끌어들이지 않는 최선의 방법은 멤버들을 받아들이기 전에 인터뷰를 신중히 하는 것입니다. 또 다른 방법은 시험 기간을 두는 것입니다. 모임에 서너 번 또는 기존 멤버들이 합의한 기간 동안 함께해 본 후 멤버들이 새 멤버를 영구 회원으로 받아들일지 투표하는 것입니다. 멤버들은 또한 그룹의 기본 원칙과 멤버가 문제를 일으킬 경우 어떤 조치를 취할지 미리 정해 두어야 합니다. 투표를 할지 또는 리더가 결정할지 등을 정합니다.

이런 예방 조치에도 불구하고 부정적인 멤버와 맞닥뜨린다면, 먼저 리더가 그 사람에게 개인적으로 가서 태도에 대해 말합니다. 그래도 계속 부정적인 태도를 보인다면 그룹의 규칙에 따라 그 사람을 '탈퇴'시켜야 합니다. 부정적인 사람을 그대로 두면 그룹 전체의 조화를 무너뜨리고, 생산성도 깨지기 때문입니다. 이런 문제들은 싹부터 잘라내야 합니다.

질문: 어떻게 하면 마스터마인드 그룹을 전통적 의미의 네트워크와 다르게 만들 수 있나요?

대답: 마스터마인드 그룹은 네트워킹 그룹보다 규모가 작습니다. 네트워킹 그룹에서는 몇몇 멤버들과는 친밀하게 소통하지만 나머지 다른 멤버들과는 거의 알지 못합니다. 마스터마인드 그룹에서는 모든 멤버와 가까이 지내며 서로를 잘 압니다. 그리고 네트워킹 그룹에 비해 멤버 간에 더 많은 신뢰감을 느낍니다.

질문: 첫째로 저는 치료사이고, 이미 수많은 일에(이메일, 강의, 코치, 원격 세미나 등) 시간을 쏟고 있어 인터넷 비즈니스를 하는 데 지장을 받습니다. 무엇을 더하고 무엇을 빼야 할까요? 둘째로 저는 외진 지역에 살고 있어서 어떤 사람들에게 다가가고 싶은지 2년 동안 곰곰이 생각했습니다. 유일하게 떠오르는 이름이 예전의 고객들입니다. 그들과 일하는 것이 윤리적으로 위반 사항이 될지도 모릅니다. 셋째로 저는 인터넷 마케터들을 많이 알지만 심리학적 난관에 대해 이해하는 사람은 만나지 못했습니다. 심리학자

만나라 그러면 부자가 되리라

들을 많이 알지만 그들은 마케팅 지식에 관심이 없습니다. 어디서부터 시작해야 할까요?

대답: 우리는 특히 인터넷 마케팅 분야 사업을 하면서 시간 관리가 얼마나 어려운지 잘 압니다. 마스터마인드 그룹 모임을 위해 매주 하루 오후 시간 전체를 낸다는 것은 쉽지 않습니다. 그러나 이런 시간 투자로 얻을 수 있는 것이 대단히 크므로, 할 만한 가치가 있습니다.

당신의 활동 무대에서 멤버들을 찾다 보면 때로는 놀랄 수 있습니다. 우리는 인구수가 대략 5천 명 정도인 텍사스주 웜벌리에서 사는데, 이 지역에서 매우 효율적인 마스터마인드 그룹을 만들 수 있었습니다.

만일 2년 동안 멤버들을 못 구했다면 인터넷을 이용해서 구하든가 다른 산업 분야의 멤버들로 그룹을 만드는 것을 생각해 보라고 권하겠습니다. 심리학자들을 찾지 못한다면 의사나 치과의사, 변호사, 금융 설계사, 회계사 등 비슷한 규정이 적용되는 분야의 다른 전문가들을 찾아볼 수 있습니다.

그리고 지역 상공회의소에 관심을 가져보세요. 그곳의 지역 신문이나 전화번호부에 광고를 내는 사람들에게 주의를 기울여 보십시오. 그들 중 지역 신문이나 주간지에 기고를 하는 사람이 있는지 살펴보세요. 광고를 하고 기고를 하는 사람들은 마케팅에 관심이 있으니까요.

마지막으로 시간 관리에 도움이 필요하다면 데이비드 앨런 *David Allen*의 책『쏟아지는 일 완벽하게 해내는 법Getting Things Done: The Art of Stress-Free Productivity』을 읽어 보기를 권합니다. 이 책은 일반적인 시간 관리 책이 아닙니다. 저는 마스터마인드 그룹 멤버들 모두에게 한 권씩 선물할 정도로 이 책을 좋아합니다.

질문: 나폴레온 힐은 마스터마인드 그룹을 통해 최고의 결과를 얻으려면 멤버들을 동료 그룹보다는 개인적으로나 재정적으로 더 성공한 계층의 사람들로 구성해야 한다고 분명히 말합니다. 제가 빌과 조처럼 성공하고 싶다면, 저의 마스터마인드 그룹 멤버로 그와 같은 사람들을 어떻게 구할 수 있을까요?

대답: 사람들은 종종 높은 수준의 성공에 이른 사람들에게 다가가기를 두려워합니다. 경험이 많은 사람은 자신의 그룹에 참여하는 데 관심이 없을 것이라고 생각합니다. 웸벌리 그룹은 온라인 마케팅 분야에서 완전히 초보인 두 사람과 베스트셀러 작가 한 사람으로 시작했습니다. 만일 그룹 멤버들을 모으기 위해 애쓰고 있다면 당신은 다른 사람들을 위해 귀중한 일을 하고 있는 것입니다. 성공한 사람들은 종종 바쁘므로 참석만 하면 된다면, 매우 고마워할 것입니다.

질문: 마스터마인드 그룹은 사업을 위한 지원팀과 같은 것인가요?

대답: 같을 수 있습니다. 그런 종류의 그룹을 자문위원회 마스터마인드 그룹이라고 합니다. 이런 그룹에서는 멤버들 모두가 어떤 명확한 목표를 성취하기 위해 구체적 역할을 맡습니다. 정치가나 영화배우, 유명 운동선수, 예술가를 위한 다양한 지원팀과 같은 역할을 하지요. 또한 모금을 하거나 특정한 목적의 비영리 단체나 봉사 단체도 이러한 유형의 그룹입니다.

상호 지원 마스터마인드 그룹이 될 수도 있습니다. 각 멤버는 개인적 목표를 이룰 수 있도록 도움을 받으면서 다른 멤버들 역시 개인의 목표를 이루도록 돕습니다. 두 그룹의 차이점은 보통 공동의 목표 대 개인의 목표에 있습니다. 그리고 자문위원회 모델에서 멤버들은 노력에 대해 보상을 받기도 합니다.

질문: 어떤 분야에서든 성공한 은퇴자들과도 마스터마인드 그룹을 만들 수 있을까요?

대답: 물론입니다. 사실 성공한 은퇴자들은 가장 좋은 멤버가 될 수 있습니다. 이들은 귀중한 경험을 갖고 있으면서 스케줄이 바쁘지 않습니다. 은퇴한 사람들은 종종 자신들의 경험을 몹시 나누고 싶어 하고, 도울 기회를 고맙게 여깁니다.

당신과 완전히 다른 분야일지라도 사업에서 성공한 경험이 있는 사람은 당신의 마스터마인드 그룹에 유익이 될 풍부한 지식을 갖고 있습니다. 만일 멤버들에게 자원이 부족하지만 자문위원회 유형의 그룹은 싫다면 성공한 은퇴자들이 좋은 대안입니다. 가령 분기별로 모이는 등 너무 자주 모이지 않는 그룹이라면 대가 없이 기꺼이 참여하고자 하는 은퇴자들을 찾을 수 있을 것입니다. 이런 종류의 그룹이라면 식당의 개인실을 예약해 점심 식사를 하며 모임을 갖는 것도 고려해 보십시오.

질문: 제가 도달하고자 하는 수준에 이미 도달한 사람이 왜 마스터마인드 그룹에 가입하려고 할까요?

대답: 한 가지 이유는 성공한 많은 사람은 시작한다는 것이 무엇인지 알고, 다른 사람들을 돕는 것을 즐겁게 여긴다는 사실입니다. 또 한 가지는 당신에게는 그들에게 없는 기술이 있을 수 있다는 점입니다. 가령 당신은 컴퓨터를 잘 다룰 수 있습니다. 성공한 많은 사람은 현대 기술에 매우 무지합니다. 당신은 당신보다 성공한 사람들에게 유용한 지식을 갖고 있을 수 있습니다.

그리고 성공한 많은 사람은 마스터마인드 그룹에 참여하고 싶어 하지만 그들 스스로 그룹을 만들 시간이나 여력이 부족합니다. 당신이 그룹을 조직함으로써 그들에게 유용한 서비스를 제공하는 것이지요. 게다가 당신의 그룹에 성공한 사람이 들어오면, 다른 멤버들을 구하기가 훨씬 쉬워집니다. 물론 성공한 사람 중에 어떤 이들은 마스터마인드 그룹에 가입하기를 거절할 것입니다. 그렇다고 해서 다른 성공한 사람들에게 제안하기를 주저하지 마십시오. 끈기는 언제나 보상받습니다.

질문: 제가 높이 평가하는 대여섯 사람이 없을 때는 어떻게 합니까? 저는 현재 그룹 멤버들보다 조언자들의 소식지에 더 많은 시간을 할애합니다. 나폴레온 힐이 마스터마인드 그룹에 대해 이야기했을 때는 댄 케네디*Dan Kennedy*나 브라이언 트레이시*Brian Tracey*, 도널드 트럼프*Donald Trump*, 로버트 기요사키*Robert Kiyosaki*, 밥 베이커*Bob Baker*, 로버트 앨런*Robert Allen*에게서 날마다 오는 이메일이 존재하지 않았습니다. 완전히 실제적인 목적에서 이들의 메일이 저의 마스터마인드 그룹입니다. 클릭 한 번으로 이들의 메일 수신자 목록에 이름을 올릴 수 있습니다.

대답: 많은 정보를 얻는 것은 좋습니다. 그러나 그런 방법으로는 어떤 상호작용도, 어떤 피드백도 얻지 못합니다. 또한 그런 이메일 발신자들과는 브레인스토밍을 하거나 프로젝트를 공유하지도 않습니다. 당신은 혼자입니다. 넓은 세상에서 날마다 혼자 외로이 방랑하는 것과 같습니다. 당신이 높이 평가하는 대여섯 사람이 없다면 당신은 좀 더 밖으로 나가야 할 필요가 있습니다. 더는 당신만이 세상에서 가장 영리하지 않습니다. 모든 위대한 사람은 피드백을 받았습니다. 당신이 정말로 똑똑하다고 생각한다면 멘사에 가입해 거기 회원들 한두 사람과 함께 당신의 첫 마스터마인드 그룹을 만드세요.

마스터마인드 그룹에 관해 모든 것을 다 아는 사람은 아무도 없으므로, 조와 나는 전문가들을 초대해 그들의 생각과 아이디어, 조언을 듣기로 했다. 2부는 그들의 장이다.

PART 2

전문가들에게 듣는
마스터마인드 그룹의
모든 것

집단 역학이란 무엇인가?
- 질리언 콜맨 휠러[5]

심리학자들이나 인간 행동을 연구하는 사람들이 가장 좋아하는 주제가 '집단 역학'이다. 이 용어는 그룹 속의 사람들이 관계 맺는 방식을 뜻한다. 실제로 수많은 논문이 이 주제를 다룬다.

이것은 그리 놀라운 일도 아니다. 심리학자들도 결국은 인간이기 때문이다. 우리는 모두 가족이라는 한 그룹의 일원으로서 삶을 시작했다. 우리의 시작이 환영받고 소중히 여겨졌건 아니면 뜻밖의 사건으로 여겨졌건 우리는 가족이라는 집단 안에서 우리 자신의 자리를 찾아야 했다. 우리보다 어린 형제가 태어나거나 더 큰 형제가 대학에 가는 등 가족 안에서 발생하는 변화에 따라

---

5 질리언 콜맨 휠러는 개인이나 커플, 가족, 집단 상담가로 경력을 시작했다. 여러 해 동안 펀딩과 비즈니스 관련 자문을 했다. 웹사이트 www.GrantMeRich.com과 www.NewAmericanLandRush.com을 통해 글쓰기와 비즈니스, 삶에서 성공에 이르는 것과 관련된 글을 쓰고 가르친다.

역할을 재정립해야 했다.

점점 나이가 들고 가족의 둘레에서 벗어나기 시작하면서 우리는 다른 그룹들의 멤버가 되었다. 놀이터에서 놀이 친구가 되고 학교에서 학생이 되었다. 스포츠팀이나 음악 밴드, 과학 클럽의 일원이 되었다.

성인이 된 우리는 일터와 우리가 가입한 조직의 멤버이다. 우리는 친구들 그룹에서 편안함을 느낀다. 그리고 물론, 결혼하고 부모가 되거나 친밀하고 지속되는 관계를 통해 새로운 가정을 형성한다.

그런데 우리는 왜 마스터마인드 그룹의 멤버로서 많은 심리학자와 사회학자가 말하는 집단 역학에 관심을 가져야 하는가?

심리학자들이 집단을 인간이 공통으로 겪는 경험이라는 점 외에도 매력적으로 보는 또 다른 이유가 있다. 수년간 관찰한 결과 우리는 그룹 안에 있을 때 혼자인 상황에서와는 다르게 행동한다. 집단은 협력하여 집단의 삶을 살아간다. 실제로 집단은 하나의 분리된 개체로서, 집단 고유의 힘이 있고 집단 속 사람들의 행동에 영향을 미친다.

이런 과정을 적어도 어느 정도라도 이해하면 마스터마인드 그룹을 성공적으로 이끌고 그 경험을 즐길 가능성이 더욱 커진다.

또 하나 밀접히 관련 있는 심리학 원칙이 있다. 우리는 종종 우리가 실제로 느끼는 만큼 느끼지 못한다. 그 이유는 우리가 느낀다고 생각하는 대로 느끼기 때문이다. 이해하겠는가?

이것은 수면 아래서 작동하는 우리의 무의식을 말한다. 우리가 살아가면서 겪는 모든 사건에서 느끼는 모든 감정은 무의식에 저장된다. 그리고 우리가 주의를 기울이지 않을 때 현실에서 일어나는 어떤 일이 이 저장된 옛 감정 하나를 촉발한다. 우리의 무의식적 반응이 빈번하게 삶과 마스터마인드 그룹과 같은 집단 경험에 영향을 미친다.

최소한 몇 개의 불편한 집단에 속해 본 경험 없이 성장하는 사람은 거의 없다. 어쩌면 가족의 상황이 때로는 고통스러웠을지 모른다. 어쩌면 놀이터나 스포츠 경기장에서 팀에서 제외된 기억이 있을지 모른다. 어떤 사람은 너무 똑똑해서 아니면 충분히 똑똑하지 못해서 또는 다른 아이들과 어떤 면에서든 '다르다'는 이유로 학급 친구들에게, 심지어 교사에게 괴롭힘을 당했을 수 있다. 성인이 되어서는 사내 문제 또는 교회나 지역 공동체 조직에서조차 자리 다툼 문제를 겪었을지 모른다.

그러나 다른 한편으로 우리 대부분은 집단의 긍정적인 힘도 경험한다. 경기에서 우승한 스포츠나 수학 팀의 일원 또는 연극배우이거나 음식 기부 운동에 참여한 적이 있는 사람은 누구나 그룹 전체가 목표를 달성하는 일에 헌신하는 즐거움을 알 것이다. 집단 안에서 우리는 서로 배우고 서로를 지원하며 혼자서 하는 것보다 함께함으로써 더 많이 성취한다.

온갖 종류의 집단이 수없이 많이 존재한다. 우리 중 몇몇은 치료 그룹 또는 의식 함양 그룹에 참여했다. 마스터마인드 그룹은 '성과 그룹'으로 여겨진다. 성과 그룹은 특정한 과업을 성취하기 위해 결성된다. 마스터마인드 그룹의 경우 이 목적은 일반적으로 멤버들의 개별적인 목표를 지원하는 것이다. 그 목표들은 사업과 관련될 수도, 개인적일 수도 있고, 아니면 둘 다가 결합된 것일 수 있다. 나는 여러 해 동안 매우 다른 두 개의 마스터마인드 그룹에 참여했는데, 멤버들이 삶의 이런 두 영역 모두에서 지원을 바랄 때 가장 효과적이라고 생각한다.

수년 동안 집단 역학을 전문적으로 연구하는 심리학자들은 그룹 참가자들 사이에서 어떤 일이 일어나는지 다양한 방법으로 분석했다. 그런 심리학자 중에 브루스 터크먼*Bruce Tuckman* 박사의 연구는 집단을 바라보는 간단한 틀을 제시한다.

터크먼 박사는 집단의 발전 과정을 다섯 단계로 설명한다.

1. 형성
2. 폭풍
3. 규칙
4. 성취
5. 중단

이런 발전 단계는 반드시 순서대로 일어나지는 않는다. 어느 단계에 이르면 종종 겹쳐서 일어나기도 한다.

형성 단계에서, 멤버들은 서로에 대해 알아간다. 우리는 어느 집단에 들어가면 인정받기를 원한다. 그래서 이 단계에서는 모든 멤버가 일반적으로 논란이나 분쟁을 일으키는 일은 피한다. 단계가 더 깊어지면 서로를 면밀히 관찰하고 의식적 판단과 무의식적 인상을 형성한다. 이런 깊어진 인상은 그룹이 앞으로 나아갈 때 매우 중요해진다.

그룹이 형성되는 동안은 실제 작업이 많이 이루어지지는 않는다. 멤버들이 빠르게 성공적으로 이 단계를 통과하는 좋은 방법은 자기소개를 해서 서로 연결되도록 돕는 것이다.

다음으로, 폭풍 단계가 온다. 이때 멤버들의 갈등이 시작된다. 갈등은 어떤 문제와도 관련될 수 있는데, 집단에서 갈등이란 피할 수 없다는 점을 미리 아는 것이 좋다. 갈등은 분명 생기는데, 겉으로 드러날 수도, 표면 아래 숨겨질 수도 있다. 종종 실제적 문제는 누가 주도권을 가질 것인지, 차이를 어떻게 해결할 것인지와 관련된다.

마스터마인드 그룹의 멤버든 아니면 리더든, 이 시기에 어떤 문제가 발생하는지 아는 것이 도움이 된다. 가장 먼저 역할 문제이다. 사람들은 마스터마인드 그룹에 참여하면서 자신에게 가장 편안한 '그룹 내 역할'에 자리를 잡는다. 어떤 사람은 리더로, 그리고 몇몇 리더는 자신의 경험과 통찰력에 따라 권력 투쟁에 참여한다.

감정적으로 좀 더 성숙한 리더는 앞서가면서 다른 사람들이 적절하게 리더십을 갖도록 허락할 것이다. 어떤 사람들은 따라가는 자리를 선호할 것이다. 아무튼 모든 사람은 자신이 어떤 역할을 하는지 알고 싶어 하고, 중요한 멤버로서 평가되기를 원한다.

또 다른 문제는 '전이'이다. 전이란 어떤 사람을 과거의 누군가와 무의식적으로 결부시키는 과정을 설명하는 심리학 용어이다. 두 개의 간단한 예가 있다. 만일 과거 당신에게 달아나고 싶은 지배적 성향의 아버지나 남성 우월적인 남편이 있었다면, 당신은 그룹 내 강한 남자 리더를 대하는 것이 힘들 수 있다. 리더의 장점에도 불구하고 그를 별개의 인격으로 보기 힘들 것이다. 또는 다른 여자 멤버들에게서 과거 당신을 조종하려 들던 여자친구를 떠올릴 수 있다. 그는 현재에도 과거 여자친구에게 했던 무의식적 반응을 피하기 어려울 것이다.

이런 전이는 실질적인 현상으로, 우리 삶의 모든 상황에서 언제든지 일어난다. 권력 투쟁 역시 항상, 그리고 빈번히 매우 점잖게 일어난다. 많은 경우 우리는 이런 과정을 대체로 의식하지 못한다. 그러나 모든 종류의 집단은 가족 집단을 재현하는 것이므로, 각종 문제를 매우 강력한 방식으로 표면에 노출시킨다. 폭풍 단계에서 소란을 피하는 데 도움이 되는 방법은 그룹의 조직과 역할, 기대치에 대해 초기에 합의하는 것이다.

때때로 우리는 이미 맺은 관계를 통해 마스터마인드 그룹에 가입한다. 때로는 두 멤버가 그룹 밖에서 친구가 된다. 가끔 그룹 내 남자들은 자연스레 서로를 대할 때 여자를 대할 때와는 다르게 대해, 여자들은 소외감을 느낄 수 있다. 반면에 그룹 안에서 여자들이 서로 동화되어 남자들이 소외감을 느낄 수 있다. 마스터마인드 그룹은 모두가 동등하고 소속감을 느끼는 '성스러운 장소'로 유지되는 것이 중요하다.

규칙 단계에는 불협화음이 잦아든다. 이 단계에서 멤버들은 그룹의 조직이나 목표, 과제를 명확히 알기 때문에 그룹의 운영과 관련해 좋은 아이디어를 가진다. 서로를 인정하고 진정으로 지지하는 느낌을 갖는다. 선입견도 기꺼이 내려놓는다. 그룹의 생산적인 작업이 바로 이 단계에서 실제로 시작된다.

규칙 단계에서는 두 가지를 기억해야 한다. 먼저, 그룹의 조직 및 운영과 관련해 혼란이 생기면 멤버들은 균형을 잃고 불편해한다. 예를 들어 어떤 멤버가 계속 지각하거나 모임에 빠진다면, 이런 문제는 처리해야 한다. 그룹이 순조롭게 기능하려면 멤버 모두가 조직 구조를 절대적으로 이해하고 동의해야 하며, 운영 지침을 능동적으로 받아들여야 한다.

두 번째로 멤버들은 그룹이 현재의 조화 단계에 이르기까지 매우 힘겹게 노력했음을 기억해야 하고, 따라서 어떤 변화라도 생긴다면 위협으로 느낀다. 그러므로 시간이나 장소 변경, 그룹의 체제나 새로운 멤버 가입 등 어떤 결정을 내려야 할 경우 공개적으로 토론해야 한다. 그룹이 행복하고 효율적이 되려면 모든 멤버가 변화를 받아들여야 한다. 또한 새로운 멤버가 들어오면 그룹은 앞선 단계들을 다시 거쳐야 하는데, 이것은 회원들이 모두 결정에 참여했음을 표현해야 하므로 매우 중요하다.

성취 단계에서 그룹은 잘 운영되고, 멤버들은 편안함을 느끼며 생산 능력이 올라간다. 멤버들은 서로 의지하고, 융통성을 발휘할 정도로 안전감을 느낀다. 그룹의 필요에 따라 제 역할을 원활하게 한다. 그룹에 소속감과 자부심, 충성심을 느낀다. 그룹 안에서 높은 수준의 편안함을 느껴 큰일도 성취할 수 있다는 자신감을 갖는다. 그러나 때로는 폭풍 단계로 후퇴해 새로운 문제들에 도전을 받기도 한다.

결국 마스터마인드 그룹이 해체될 위기가 오기도 하는데, 이 시기를 중단 단계라 부른다. 그룹을 해체하는 결정은 변화와 손실이 포함되므로 매우 어렵다. 멤버들 개개인의 경험에 따라서 이 단계는 상실과 슬픔의 감정이 올라온다. 멤버들은 크게 슬퍼하는 자신에게 놀라고, 심지어는 그 감정을 부정하고 싶어 한다. 이 과정을 인정하고 존중하며, 공개적으로 대화하는 것이 중요하다. 그룹이 이룬 여러 가지 성취를 축하하는 행사를 가지는 것이 도움이 되기도 한다.

집단 역학의 토대 중 하나는 사람들은 모두 만족스러운 관계를 맺기 위해 전진하며 능력을 개선하고 있다는 생각이다. 만일 우리가 자유롭고 솔직하며 분명하고 정열적인 의사소통이 이뤄지는 가정에서 자랄 만큼 운이 좋다면, 우리는 엄청난 이점을 갖고 삶을 시작하는 것이다(심리학자들은 단 20퍼센트 미만의 사람들만이 이처럼 고도로 기능하는 가정에서 자란다고 추정한다). 그 외의 모든 사람은 살아가면서 배운다. 마스터마인드 그룹에 참여하는 것은 자신이 한 개인으로 성장하고, 동료 멤버들 역시 성장하도록 사랑으로 도울 수 있는 기회이다.

우리가 마스터마인드 그룹의 멤버로서 집단 역학을 이해하고 수면 아래 무의식 수준에서 일어나는 일에 주의를 기울인다면 성취 단계에 도달해 자신과 집단의 목표를 이룰 수 있는 최선의 기회를 얻는다. 또한 그룹 멤버들이 그룹의 목표와 구조, 규칙, 역할에 대해 초기에 동의하고 분명히 알 때, 서로를 이해와 관용, 친절, 정직으로 대하기로 합의할 때, 성공 확률이 극대화된다.

마스터마인드 그룹에
적합한 사람 선택하기
- 마이클 라이선블렛[6]

당신이 혼자 사업을 경영하고 있다면 곁길로 새서 프로젝트에서 손해를 보고, 업무량에 압도되어 심지어 다 포기하기 쉽다. 때로는 모든 일이 너무 힘들고 결코 완수하지 못할 것 같고, 할 일이 너무 많은 것처럼 느껴진다. 이런 마음 상태에서는 에너지가 빠르게 소진되고 정신은 쉽게 산만해져 사업을 하는 데 효율성이 떨어진다.

1976년 심리학자인 마이어*Maier*와 셀리그먼*Seligman*은 실험을 통해, 개들이 고통에서 벗어날 수 없다는 걸 느끼면 노력을 포기하고 낑낑거린다는 사실을 발견했다. 이런 상태를 '학습된 무력감'이라고 한다. 매우 잔인하지만 이런 학습된 무력감은 인간에게서

---

6 마이클 라이선블렛은 심리학자로 회복력 전문가이다. 비즈니스를 하는 사람들이 일과 삶에서 압박감과 스트레스, 극도의 피로감에서 빨리 회복하도록 돕는다. 전문 연설가이자 코치, 작가이다. 그에 관하여 더 알고 싶다면 www.BounceBackFast.com을 참고하라.

도 확인된다.

사람은 자신이 노력해도 운명을 바꾸거나 영향을 끼칠 수 없다고 믿으면 무력감에 빠진다. 무력감이나 압박감, 스트레스는 추구하는 목표에 대한 노력과 인내심을 감소시키고 자발성도 고갈시킨다. 무력감이나 압도감을 극복하는 열쇠는 당신이 속한 소집단의 다른 사람들에게서 격려받는 것이다.

마스터마인드 그룹은 마음이 맞는 사람들이 모인 지원 그룹으로서, 사업이나 삶에서 전진하도록 서로 돕기 위해 아이디어나 전략, 기술, 구상에 대해 함께 브레인스토밍을 한다.

마스터마인드 그룹은 친구들 간의 사교모임도, 불평이나 한탄을 위한 모임도 아니다. 마스터마인드 그룹이 잘 기능하려면, 긍정적이고 동기부여가 되어 있으며 주도적이고 다른 사람들이 목표를 이루도록 돕고자 하는 마음이 있는 사람들과 결성해야 한다.

적합한 사람들을 선택하는 것이 마스터마인드 그룹의 성공에 필수 요인이다. 이때 고려해야 할 몇 가지 기준은 다음과 같다.

첫째, 말보다 행동하는 사람을 선택하라.

그룹에서 어떤 일을 해야 하고, 자신은 무엇을 할 수 있다고 말하면서 행동은 취하지 않는 사람은 소용이 없다. 말만 하고 행동하지 않으면 무력감만 생긴다. 다시 말해, 변화가 일어나지 않기 때문에 '정체감'만 강화된다. 대신에 멤버들이 결과를 기록하고, 하겠다고 한 일은 실제로 하게끔 확실히 하라.

둘째, 거머리 같은 사람이 아닌 무는 사람을 선택하라.

곤충 세계에서 무는 곤충은 먹이와 정면으로 부딪쳐 공격하는 데 반해 거머리는 먹이가 말라 죽을 때까지 피를 빨아 먹는다.

마스터마인드 그룹에서는 무는 사람이 낫다. 이런 사람은 당신의 작업에 대해 가치 있는 정보와 통찰력을 제공하면서 정직하고 직접적인 피드백을 준다. 그리고 커뮤니케이션을 잘하고, 그룹 멤버들과 터놓고 자신의 지혜와 시간을 나눠준다.

거머리 같은 사람은 받기만 한다. 그들은 가만히 앉아 다른 사람들에게서 정보와 팁을 흡수하고는 무엇이든 나누고 주기보다는 받기만 하는 태도를 가진 불안정한 사람들이다. 때로는 자신이 원하는 것을 얻을 때까지 과도하게 친절을 베풀지만 목적을 이룬 후에는 상대를 미련 없이 내버린다.

셋째, 끌려가는 사람이 아닌 이끄는 사람을 선택하라.

이끄는 사람은 먼저 시작한다. 목표와 행동 계획을 세우고, 다른 사람들이 한 단계 내디뎌 될 수 있는 모든 것이 되도록 영감을 불어넣는다. 이끄는 사람들은 자기 자신을 믿고, 다른 사람들 또한 탁월해지도록 돕는다. 그들은 미래에 집중하고, 지나간 일을 염려하거나 실수한 것 때문에 허우적대느라 시간을 허비하지 않는다.

끌려가는 사람은 앞장서는 법 없이 무리의 뒤를 따르기만 한다. 묻지 않으면 자기 의견을 표현하지도 않는다. 새로운 일을 해보도록 격려 받지만 변화에 저항하는 경우가 많다. 그룹 안의 다른 사람들이 나아가는 것을 뒤에서 잡아끈다. 왜냐하면 그들은 해답을 찾기 위해 앞서서 주도하지 않고 다른 사람이 찾아주기를 기다리기만 하기 때문이다.

모임의 괴물 관리하기
- 크레이그 해리슨[7]

유명한 영화 〈스타워즈*Star Wars*〉의 회의 장면에서 대사들은 자기 옆에 어떤 괴상한 캐릭터들이 앉아 있는지 외모를 통해 알았다. 각각의 캐릭터들은 외양이 독특했다. 그러나 마스터마인드 그룹 모임에서 당신은 만나는 캐릭터들이 어떤지 전혀 모를 것이다. 정상으로 보이는 외양이 그들이 일으키는 곤란한 행동과 종종 모순되기 때문이다. 여기서는 모임에서 만날 수 있는 정상이 아닌 등장인물에 대해 설명한다. 당신이 광선검을 가졌든 아니든, 모임을 전복시키는 파괴적인 세력과 싸우려면 알아야 할 내용이다.

---

7 전문 연설가이자 기업 트레이너이며 커뮤니케이션 상담가이다. 우수한 판매 및 서비스 단체를 세우고, 믿을 만한 커뮤니케이션 전문가들을 키우고 있다. 홈페이지 www.ExpressionsOfExcellence.com과 이메일 solutions@craigspeaks.com 또는 수신자 부담 전화 (888)450-0664로 그에게 연락할 수 있다.

독점자

이런 사람은 어떤 주제와 관련해서든 오직 자신에게만 지혜가 있다고 생각한다. 독점자는 다른 사람들은 자신의 말을 듣기 위해 왔다고 생각하기 때문에 끊임없이 말한다. 모임은 다른 많은 사람에게 들을 수 있는 기회라는 사실을 인식하지 못한다.

계속 지껄이고, 자신의 생각이나 신념이 다른 사람들의 것보다 본래 더 중요하다는 듯 거만하게 행동한다. 불행히도 다른 사람들은 이런 독점자가 모임을 지배하는 것에 위협을 느껴 참여하기를 피한다. 리더가 이를 허용하면 독점자들의 무례한 언행이 승인받았다는 메시지가 된다. 리더 또는 다른 멤버들이 다른 사람들의 말을 관심 있게 들음으로써, 이런 독점자 유형의 사람들에게 다른 사람들 또한 듣고 말할 수 있다는 사실을 상기시켜야 한다.

주제에서 벗어난 말을 많이 하는 사람

이런 사람은 그룹의 대화 주제를 가로채 관련 없는 이야기로 새 나가게 한다. 그래서 어느 순간 안건에 없는 다른 화제로 이야기하게 된다. 이때 리더가 알아채고 대화의 중심을 다시 주제로 돌리는 능력을 발휘하는 것이 생산적인 모임에 매우 중요하다. "우리가 나누던 주제를 다시 확인합시다."라고 말하는 것이 정상 궤도로 돌아가는 좋은 방법이다. 대안으로 "주제와 상관없는 이야기는 피합시다."라고 말할 수 있다. 이렇게 말함으로써 주제에서 벗어난 이야기를 하는 것은 그룹의 목표와 상반되는 행동이라고 명시한다.

선의의 비판자

솔직히 말해, 대부분의 모임에는 이런 사람이 꼭 한 명은 있다. 이런 사람은 반대자 역할을 맡는 것을 즐기는 것 같다. 어떤 주장이 나오든 이런 사람은 반대편의 관점을 취하는 것에 매우 기뻐한다. 그에게는 이것이 일종의 스포츠이다. 자신이 취한 입장이 인기가 없을수록 그는 도전하는 데 더욱 흥미를 느낀다. 그는 종종 이렇게 말을 시작한다. "단지 토론을 위해서 하는 말인데… 저는 반대 입장이 맞다고 생각합니다." 어떤 문제에 대해 집단 순응 사고를 피하고 다양한 관점에서 보는 것은 가치 있는 일이지만 '선의의 비판자' 역을 자처하는 사람은 모든 주제, 모든 토론, 모든 대화에 무조건 반대하는 기법을 적용한다. 그룹의 안건을 꼭 붙들고 마음을 편하게 가져라. 그러다가 시간을 잡아먹을 수 있기 때문이다! 좋은 리더는 이런 사람의 비판 능력을 칭찬하면서 주어진 시간을 허비하는 것은 부적절하다고 지적할 수 있어야 한다.

냉소적인 사람

최악의 비관론자인 냉소적인 사람은 부정적인 성향에서 최고 수준이다. "효과 없을 거야."라는 말을 아주 잘하며, 어떤 제안을 하든 끌어내리고 패배시키는 일에 능하다. "될 수 없어." "절대로 안 팔릴 거야." "전에 해 봤는데 실패했어." 이처럼 그들의 모토는 안 된다고 말하는 것이다.

이런 사람들에게는 반대로 일이 될 수 있다고 생각해 보라는 도전을 주라. 일반적인 갈등 해소 방법을 사용해서, 그들이 다른 편의 관점을 자신들의 입장인 듯 수용해 보라고 요청하라.

태도가 애매한 사람

분석 불능으로 유명한 이런 유형의 사람은 결정을 내리지 못한다. 의사 결정을 내려야 함에도 수많은 논거를 가지고 갈등하느라 결단을 내리지 못한다. 이들의 우유부단함은 비판자나 냉소자 등 다른 사람들에게 빌미를 제공한다. 자신이 틀릴까 봐 아니면 누군가의 반대에 직면할까 봐 또는 공적으로 표현하는 것이 두려워하는 사람들은, 그룹이 성장하지 못하게 하는 걸림돌이다.

이들이 행동을 취하게끔 하라. 이들에게 선택권이 있고 그것을 사용하도록 초대받았음을 상기시켜라. 해당 문제에 대한 이들의 의견을 묻고 분명히 드러내게 하라.

아첨꾼

모든 모임에는 이런 사람이 꼭 한 명쯤 있다. 상사나 모임의 리더 또는 실세에게 환심을 사기 위해 비상한 노력을 하며 아부

하는 사람 말이다. 아첨꾼은 자신의 진짜 감정과 상관없이 다른 사람의 비위를 맞추고 굽실거리느라 몹시 바쁘다. 그러나 궁극적으로 이들의 의도는 뻔히 드러나고, 앞으로의 행동이 예측 가능하다.

이런 사람들의 의견을 다른 사람들의 의견보다 먼저 묻는 것이 좋다.

판도라의 상자를 여는 사람

이런 유형의 사람은 감정적이거나 민감한 문제 또는 뜨거운 쟁점에 제동을 건다. 모든 모임에는 신경을 건드리고 감정적 반응을 유발하며 그룹을 진창에 빠뜨리는 주제가 있게 마련이다. 이런 사람들은 모임 전체를 불만과 반감, 종종 분노를 유발하는 곳으로 만들어 버린다. 한번 이런 문제가 터지면 이전 상태로 되돌리기 어렵다. 급여나 승진 또는 개인의 스타일에 관한 논쟁은 종종 문제를 일으켜 모임을 완전히 장악한다. 설상가상으로 몇몇 장본인은 이미 결론이 난 문제들을 다시 제기하기도 한다.

가장 좋은 해결책은, 모임의 리더가 "그 문제는 다시 거론하지 맙시다."라고 단호히 말하는 것이다. 또는 "문제가 생기면 그때 다시 얘기합시다." "괜히 벌집을 건드릴 필요는 없습니다."라고 말하며 특정 주제에 대해서 언급을 금지한다.

공격하는 사람

이런 사람들은 어릴 때 약한 아이들을 괴롭혔을 것이다. 어른이 되었지만 철이 안 든 것이다! 공격하는 유형의 이런 사람들은 부정적인 시각에 개인적 공격을 교묘히 섞어 다른 사람의 아이디어에 격렬히 도전한다. 다른 사람들의 감정이 상하는 것에 아랑곳하지 않고, 다른 사람들의 아이디어에 대립하고 순리에 역행한다. 슬프게도 그들은 자신들이 공격하고 있다는 사실조차 알아채지 못할 때도 있다.

좋은 리더는 이런 사람들이 긍정적인 시각을 갖고, 가시 돋친 말을 하지 않으며, 적대적인 접근을 피하도록 유도한다. 개인적 인신공격이 발생하면 모든 멤버가 모임을 중단시킬 권한을 갖는다. 어떤 사람의 행동이나 신념을 비판할 수는 있지만 인격체로서 그 사람에 대한 공격을 허용해서는 안 된다.

농담하는 사람

이런 사람의 온화함에 속지 마라. 농담하는 사람은 모임을 방해할 수 있다. 이들의 끊임없는 농담은 다른 사람들의 진지한 아이디어나 제안을 깎아내릴 수 있다. 다른 사람들의 행동을 하찮게 만들고, 진지하게 받아들이지 못하게 한다. 농담을 해야 할 때와 장소가 있다. 우리는 모두 재미있는 것을 좋아하지만 계속 농담만 하면 주의가 산만해지고 회의는 방해받는다.

리더는 모임 초반이나 중간에 몇 분을 유머를 할 수 있는 시간으로 정할 수 있다. 그런데 아무 때나 불쑥 농담을 던져 회의 진행에 지장을 주면, 리더는 유머를 할 시간이 아님을 상기시키며 분위기를 관리해야 한다.

로봇

모임을 방해하는 로봇들은 휴대전화와 휴대용 정보 단말기, 노트북 등이다. 이것들은 회의 중에 멤버들의 주의를 분산시킨다. 현재는 회의에 필요한 카메라가 휴대전화에 내장되어 있다는 것이 무척 안타깝다.

좋은 리더는 회의 시작 전에 휴대전화를 끈다든가 회의를 위한 기본 원칙을 세워야 한다. 전자 기기에 주의력을 빼앗기지 않기란 매우 어렵기 때문이다.

모임에는 온갖 종류의 사람들이 가득하다. 당신 자신을 포함해 사람들의 행동을 연구해야 더 잘 이해하고 반응할 수 있다. 모임의 성격은 분명히 멤버들의 특징에 영향을 받는다.

당신에게 좋은 영향력이 있기를 바란다.

마스터마인드 모임을 돕는 열 가지 팁
- 캐린 그린스트리트, 비즈니스를 위한 열정, LLC (www.passionforbusiness.com)

마스터마인드 그룹 모임을 원활하게 진행하기 위한 열 가지 팁이 있다.

첫째, 모든 결정은 민주적이어야 한다.

첫 모임을 그룹의 규칙을 토론하고 투표하는 시간으로 활용하라. 그룹의 조직 방식, 멤버 수, 모임 날짜와 시간, 중심 주제, 허용되는 화제 또는 허용하지 않는 화제, 새 멤버를 받는 시기 등을 멤버 전체가 결정하라. 멤버들이 함께 일하는 방식을 규칙으로 정하고, 그 규칙을 따르지 않았을 경우 제재 방식을 정해야 한다. 그룹 분위기는 격식을 갖출 것인지 편하게 할 것인지 아니면 그 사이 어디쯤으로 할 것인지도 결정해야 한다. 이런 식으로 필요한 사항들을 결정한다.

둘째, 적합한 역할을 맡는다.

당신이 조력자 역할을 맡을 것인지 단순한 멤버로 있을 것인지 정하고 그에 맞게 행동하라. 조력자 역할을 맡겠다면 당신에게 직접 영향을 미치는 문제(예를 들면 모임 시간이나 장소)가 아닌 한 그룹이 결정할 때 투표를 하지 않는다. 조력자로서 당신이 해야 할 일은 모임을 유지시키고 관리해 그룹이 나아가게 하는 것이다. 당신이 현재 그룹이 다루는 주제의 전문가라 하더라도 당신의 의견은 항상 제일 마지막에 내놓고, 다른 멤버들에게 발언할 기회를 주라. 그렇게 하지 않으면 다른 멤버들은 당신을 권위자로 여겨 멤버들 간의 토론이 멈출 것이다.

셋째, 모임을 안전한 장소로 만든다.

마스터마인드 그룹 모임에 참석하는 것은 개인적이고 매우 중요한 경험이다. 시간이 흐르면서 관계가 형성되면 멤버들은 매우 사적인 정보도 나누기를 원할 것이다. 모임 때마다 멤버들이 자신들의 진짜 모습과 희망, 두려움, 실제 삶에서 일어난 일들을 안전하게 표현할 수 있는 공간을 만드는 것이 조력자로서 당신이 할 일이다. 멤버들이 힘든 사적인 생각과 감정을 나눌 때 마음껏 표현하도록 자리를 내주고, 그런 식으로 나눠도 괜찮다고 말해 줘라. (그러나 모임을 계속 정신 치료 시간으로 이용하는 멤버들을 주의하라. 그들이 반복적으로 감정적 문제를 내놓으면서 앞으로 나아가는 행동은 취하지 않는다면 조용히 한쪽으로 불러 그룹의 규칙을 설명하라.) 마스터마인드 그룹 모임은 은밀한 시간이므로, 여기서 나눈 다른 멤버들의 상황을 밖에서 말하는 것은 허용되지 않음을 멤버들에게 상기시켜라. 특별히 개인이 시작한 아이디어나 상표, 저작권과 관련될 때는 비밀 유지 계약을 하라.

넷째, 체계를 세운다.

매주 또는 매달 같은 날과 시간에 모임을 가져야 멤버들이 일정 관리하기가 좋다. 그리고 모임을 어떻게 진행할 것인지 체계를 잡아라. 우리 그룹의 모임 진행 방식은 다음과 같다. 모임을 시작하면 성공한 이야기를 나누고 토론하며 생각하고, 정보를 나눈 뒤 모임을 끝낸다. 모임의 많은 시간을 토론에 두고서, 멤버들이 돌아가며 자신의 목표와 도전 과제를 말하고, 다른 멤버들은 질문하고 조언한다. 이렇게 하면 수다를 떨면서 친교 맺는 시간으로 빠지는 것을 방지할 수 있다. 토론이 사교적 대화가 되면, 원래 목적으로 돌아가도록 이끈다. 몇몇 마스터마인드 그룹은 책한 권을 정해 모임 때마다 한 장씩 선택해 토론하는데, 이렇게 하면 모임의 체계를 잡는 데 도움이 된다.

다섯째, 시간을 기록한다.

모든 멤버가 발언 시간을 동일하게 가질 수 있도록 벨 소리가 잘 들리는 타이머를 사용하라. 멤버당 10분에서 15분이면 충분할 것이다. 위급한 상황에 있는 멤버라면 시간을 더 달라고 요청할 수 있다. 그러면 멤버들은 시간을 더 줄 것인지 투표로 결정한다. 한 멤버에게 추가 시간을 준다면, 다른 멤버가 자발적으로 자기 시간을 줄여 모임이 무한정 길어지지 않도록 한다.

여섯째, 발언 막대기를 사용한다.

모임마다 멤버들이 말할 순서를 미리 정하라. 나의 그룹에서는 돌아가며 순서를 정해 각 멤버가 한 번씩은 제일 먼저 말하게 된다. 예를 들어 첫 번째 주에 파멜라, 켓, 수잔, 제이미, 캐린 순서였다면 다음 주에는 켓이 제일 먼저 말하고, 그다음 주에는 수잔이 제일 먼저 말한다. 그리고 각 멤버가 발언권을 얻으면 말을 끝마칠 때까지 아무도 방해하지 않는다. 멤버들은 종종 자신의 상황과 생각을 말로 표현함으로써 자신도 명확히 이해하기 때문에, 이 시간에 다른 멤버들은 반드시 조용히 그의 발언 시간을 존중해 줘야 한다. 실제 모임에서 발언 막대기를 사용하면 그것을 들고 있는 사람에게 시간이 할당되었고 발언권이 있음을 보여 줄 수 있다.

일곱째, 적절하다면 대화가 계속 이어지게 한다.

어떤 그룹의 토론이든, 멤버들이 정보를 소화하고 새로운 아이디어를 숙고하느라 조용한 시간이 오게 마련이다. 이런 숙고 시간은 조용히 지켜져야 한다. 모임을 진행하다 보면, 이렇게 조용히 생각하는 시간과 '무슨 말을 해야 할지 모르겠다'는 어색한 시간을 구분할 수 있을 것이다. (어색한 시간은 사람들이 자리를 옮기거나 눈을 맞추지 않을 때 올 수도 있다.) 어색한 침묵이 이어지면 질문을 하든가 다른 주제로 넘어가라. 온라인 게시판을 그룹 소통의 한 방편으로 이용한다면 게시판에 침묵이 있을 때 사용할 수 있는 생각 유도 질문들을 미리 만들어 놓아라.

여덟째, 골키퍼가 필요하다.

마스터마인드 그룹의 특징 중 하나는 멤버들이 매달 자신의 목표를 공유한다는 것이다. 이 목표들을 기록하라. 목표는 멤버들이 명확성과 초점, 가능성을 찾는 데 도움을 준다. 다음 모임 때 기록한 목표들을 읽고, 성취했는지 물어라. 이렇게 하면 멤버들이 자신이 말한 목표를 이루기 위해 노력했는지 상기하면서 진실성과 책임감을 갖게 만든다.

아홉째, 규율이 필요하다.

때로는 멤버들이 자기 발언 시간이 끝난 뒤에도 시간을 독차지한다. 또 때로는 브레인스토밍 시간에 한 멤버가 다른 멤버의 아이디어를 마구 공격한다. 지각하거나 아예 오지 않는 멤버들도

만나라 그러면 부자가 되리라

생긴다. 목표를 말하고는 매번 그 목표를 이루지 않는 멤버들도 있다. 이런 멤버들에게는 마스터마인드 그룹의 목적(균형 잡히고 민주적인 방식으로 서로의 도전과 목표한 것을 해내도록 돕는)을 상기시켜야 한다. 작은 문제들도 그냥 넘어가지 마라. 규칙을 어기는 멤버를 한쪽으로 불러 규칙에 대해 상기시켜라.

열째, 멤버를 탈퇴시킬 준비를 한다.

상황이 너무 안 좋아지면 멤버를 탈퇴시킬 준비를 해야 한다. 규율을 어기는 멤버에 대해 불만을 말할 기회를 가지고 멤버 전체가 투표를 하는 것이 좋다. 규율을 어긴 멤버가 그 자리에 없다면 (어쩌면 그 멤버는 세 번 연속해서 모임에 빠지고 전화 연결조차 안 될 수 있다.) 나머지 멤버들이 상황을 공개적으로 논의하고 어떻게 할지 결정하는 것이 좋다. 그러나 이런 문제를 논할 때는, 마스터마인드 토론 시간을 축낼 수 있으므로, 따로 시간을 내거나 전화 회의로 하는 것이 좋다. 그룹의 투표 결과는 규율을 어긴 멤버에게 조력자가 전달한다.

마스터마인드 그룹의 진실
- 빌 해리스 (www.centerpointe.com)

당신이 목표를 이루기 위해 필요한 모든 지식과 인맥을 다 얻는 방법이 하나 있다. 나는 지금 그것이 무엇인지 말하려고 한다. 나폴레온 힐은 그가 만난 모든 성공한 사람이 마스터마인드 그룹을 하고 있음을 발견했다. 그는 이것을 둘 이상의 사람이 어떤 명확한 목적을 달성하기 위해 완벽한 조화를 이루며 일하는 연합체라고 설명한다.

나는 두 종류의 마스터마인드 그룹을 보았다. 첫 번째는 힐이 기술한 유형으로, 모든 멤버가 동일한 목적 성취에 초점을 두는 그룹이다. 앤드루 카네기와 헨리 포드, 토머스 에디슨 등 사실상 모든 위대한 성취가가 이러한 그룹을 했다. 관리팀 또는 변호사와 회계사 등 필요한 전문 지식을 갖춘 사람들로 구성된 마스터마인드 그룹 말이다.

이런 유형의 마스터마인드 그룹에서는 그룹의 발기인이자 목표 뒤의 추진 세력이 자신에게 부족한 모든 지식과 인맥을 가진 사람들을 모은다. 나의 마스터마인드 그룹에는 기술과 경영, 마케팅, 비즈니스 법률, 회계 분야 전문가들과 내가 잘하지 못하거나 하고 싶지 않은 업무나 세세한 분야를 다루는 전문가들이 다수 포함되어 있다. 이 전문가들은 사업 목표들을 어떻게 성취할지를 놓고 함께 고민하고 브레인스토밍하며 문제들을 확인하여 해결한다. 다시 말해 사업을 내가 원하는 곳으로 이끄는 방법을 놓고 고민한다. 마스터마인드 그룹은 다른 사람들의 경험과 훈련, 교육, 전문 지식, 타고난 지능을 완전히 당신의 것처럼 사용하는 실제적인 방법이다.

당신의 목표가 사업이 아니라도 마스터마인드 그룹을 할 수 있다. 예를 들어 운동선수라면 코치와 트레이너가 있을 것이다. 또는 마사지 치료사와 영양사, 에이전트와 변호사가 있을 것이다. 비행기 조종사라면 강사와 정비사가 있을 것이고, 항공 교통 통제사들과도 마스터마인드 그룹을 만들 수 있다. 당신의 목표가 세계 여행이라면 마스터마인드 그룹에 여행사 직원이나, 실제로 만난 적이 없을지라도, 여행 서적 저자들을 포함시킬 수 있을 것이다. 당신의 의사 결정 과정에 아이디어를 주는 누구라도 마스터마인드 그룹에 참여시킬 수 있다.

두 번째 유형의 마스터마인드 그룹은 다양한 목표를 가진 사람들이 모여 각자의 목표를 성취하도록 서로 돕는 그룹이다. 이런 유형의 마스터마인드 그룹에서는 멤버들이 당신의 프로젝트에 항상 초점을 맞추지는 않지만 브레인스토밍을 하고 전략 짜는 일을 돕고, 당신에게 도움이 될 만한 사람들과 자원을 소개한다. 그리고 당신 역시 그들을 위해 동일한 일을 한다.

마스터마인드 그룹은 당신에게 없는 전문 지식과 경험, 자원에 어떻게 닿을 수 있는지와 관련해 문제를 해결한다. 그리고 거기에는 지불해야 할 대가가 있다. 사람들을 당신의 마스터마인드 그룹에 들어오게 하려면, 그들에게 필요한 뭔가가 있어야 한다. 그들에게 대가를 지불해야 할 것이다. 당신이 함께 성취한 결과를 나눠야 할 것이다. 경우에 따라서 그 사람들은 이미 성공했고 다른 사람들의 성공을 돕고자 하는 마음으로 당신을 도울 수 있다. 그들은 당신이 그들을 돕기 때문에 당신을 도울 것이다. 어찌 되었든 당신의 마스터마인드 그룹 안에 그들이 원하는 뭔가가 있어야 하고, 그룹의 발기인으로서 당신이 할 일은 어떻게든 멤버들이 넉넉히 보상받도록 하는 것이다.

이렇게 하는 방법을 모르겠다면 다음의 질문을 자신에게 해 보라. 어떻게 하면 마스터마인드 그룹에 참여하는 모든 사람에게 큰 유익을 줄 수 있을까? 대답이 생각날 때까지 계속해 보라. 힌트를 하나 주겠다. 멤버들에게 원하는 것이 무엇인지 물어라. 그들에게 해줄 것이 뭐가 있는지 물어라. 그들이 정신적, 물질적으로 간절히 원하는 것을 찾아내고, 당신이 원하는 것을 얻고, 그들이 원하는 것을 얻을 방법을 숙고하라.

좋은 마스터마인드 그룹에는 몇 가지 비결이 있다. 먼저, 마스터마인드 그룹은 분명한 목적을 공유한다. 두 번째 유형의 마스터마인드 그룹이라 할지라도, 각기 다른 목표를 가진 사람들이 서로 돕는다. 한 멤버의 목표에 대해 토론할 때 모든 멤버가 그 순간에는 그 한 사람의 목표에 집중해 그가 원하는 목표를 이루도록 힘을 다해 돕는다. 나는 이 두 번째 유형에 속하며, 잭 캔필드가 시작한 '개혁 리더십 자문위원회*Transformational Leadership Council*'라는 그룹에 속해 있다. 이 그룹에는 35명의 주요 개인 성장 리더들이 가입되어 있고, 그룹의 목적 중 하나가 각자의 목표를 성취하도록 서로 돕는 것이다. 나의 목표가 그룹의 주제이면, 멤버들은 모두 나를 도울 방법에 초점을 맞춘다. 다른 사람의 목표가 주제가 되면 우리는 모두 그 사람을 돕는 데 초점을 둔다.

둘 이상의 사람과 함께 같은 결과에 초점을 맞출 때 놀라운 일이 일어난다. 이때 발생하는 힘과 관련해 1 더하기 1은 3 또는 4가 된다. 나폴레온 힐은 성공한 사람들을 연구한 뒤, 두 명 이상이 마스터마인드 그룹을 통해 협력해서 생각할 때 이른바 '무한 지성'을 활용하는 능력이 극적으로 증가한다는 사실을 알아냈다. 이 무한 지성이 당신의 일부가 되면 당신은 항상 무엇을 해야 하는지 정확히 알게 된다. 아이디어가 넘쳐흐르고 문제들이 쉽게 해결된다.

마스터마인드 그룹에서 또 하나 결정적으로 중요한 요소는 조화이다. 멤버들의 마음이 어떤 의구심도 없이 완전히 맞아야 한다. 좋은 마스터마인드 연합에서는 모든 멤버가 자신들의 개인적 필요를 전체의 성과나 목표를 위한 필요에 종속시킨다. 그룹의 조화가 훼손되었다면 즉시 회복하도록 조치해야 한다. 필요하다면 어떤 멤버에게 탈퇴를 요구할 수도 있다. 조화가 없다면 마스터마인드 그룹은 성공할 수 없다. 부정적 성향의 사람을 마스터마인드 그룹에 받아들이지 마라. 당신이 일시적으로 부정적이라면 그때는 마스터마인드 그룹 모임을 이끌지 마라.

또한 각 멤버가 그룹에서 어떻게 이득을 얻고 그룹에 어떤 기여를 할 것인지 분명히 해야 한다. 마스터마인드 그룹의 멤버들에게 관대함을 베풀 때 실수할 수 있다. 그룹이 단 하나의 분명한 목적을 공유하고, 모든 멤버가 그 목적을 분명히 아는 것이 중요하다.

마스터마인드 그룹 모임에 친구나 친척을 데려오는 사람들이 자주 있다. 친구나 친척이 좋은 마스터마인드 파트너가 될 수 있지만 그렇지 않은 경우가 많다. 마스터마인드 그룹의 멤버는 모임에 필요한 전문 지식이 있는 사람들로 선택하라. 가까운 곳에 산다거나 당신과 관련이 있다거나 당신이 좋아하는 사람을 선택하는 것이 아니다. 이런 사람을 선택하면 "지옥에서 온 파트너"가 된다. 당신이 스스로 확신이 없거나 도덕적인 지원을 원해서 마

만나라 그러면 부자가 되리라

스터마인드 멤버를 데려오지 마라. 확신이 없다면 마찬가지로 자신에게 확신이 없는 사람을 선택하게 되고, 그러면 눈먼 사람이 눈먼 사람을 이끄는 격이 된다. 당신에게 필요한 전문 지식과 자원이 무엇인지 결정하고, 그것을 가진 사람들을 찾아라. 그리고 자신감을 가져라. 이것은 당신이 원하는 것에 마음을 집중하면 가질 수 있다.

당신의 목표를 이루기 위한 돈이 필요하다면, 한 가지 선택은 당신의 목표를 통해 얻는 수익에 관심을 갖고, 투자할 돈이 있는 사람을 데려오는 것이다. 당신은 아이디어와 노동력을 제공하고, 파트너는 재정을 제공한다. 그러나 그룹 안에서 조화를 유지하도록 주의해야 한다. 또한 재정을 제공하는 사람이 목표를 성취하는 방법을 거의 또는 전혀 모르고 당신의 계획에 동의하지 않을 수 있다는 점에 주의하라. 투자자들은 사업가들이 일하는 방식에 참견해 일을 어렵게 만드는 것으로 악명이 높다.

그러므로 마스터마인드 그룹을 결성하기 전에 당신에게 무엇이 필요하고 당신이 무엇을 제공해야 하는지를 생각해 두라. 이 과정에서 당신이 현재 어느 지점에 있고, 앞으로 어디까지 가기를 원하는지 알아야 한다. 당신의 자산과 부채를 조사하기를 권한다. 그래야 당신이 마스터마인드 그룹에 무엇을 기대하고 다른 멤버들에게 무엇을 제공할 수 있는지 알 수 있다.

나는 처음 마스터마인드 그룹을 시작했을 때 내가 다른 사람들에게 제공할 것이 많다거나 사람들이 내가 원하는 것을 지원하고 싶어 할지에 대해 확신을 갖지 못했다. 그리고 돈이 없었기 때문에 누구에게도 대가를 지불할 수 없었다. 당신도 이런 느낌을 알 것이다. 그러나 그것 때문에 마스터마인드 그룹 만드는 일을 멈추지 마라. 당신이 요청할 때 도와줄 사람이 나오는 것에 놀랄 것이다.

내가 요청한 첫 번째 사람은 마케팅 전문가였다. 그의 전화번호를 알려준 사람은 그가 내 전화를 받지도 않을 수 있다고 말했다. 그러나 그는 나를 자신의 사무실에서 만나 주었고, 내가 원하는 것을 말했을 때 어떤 이유에서인지 내게 호감을 가졌고 나를 도와주었다. 수수료를 절반으로 깎아 주기도 했다. 나는 확실한 이유는 모르지만, 나의 목적을 향한 명확한 초점에서 나온 열정과 진심을 그가 알아보았다고 생각하고 싶다.

확실히, 변호사나 회계사 같이 당신이 대가를 지불해야 하는 사람들도 당신의 그룹에 기꺼이 참여할 것이고, 잭 캔필드가 개혁 리더십 자문위원회를 만들 때처럼 비슷한 목표를 가진 몇몇 다른 사람들을 모으는 것은 언제나 가능하다. 다른 모든 일을 할 때와 마찬가지로 첫발을 내디더라. 무슨 일이 벌어지는지 인지하고 전략을 정비하며 계속 나아가라. 마스터마인드 그룹을 만드는 일이 얼마나 쉬운지 알게 될 것이다. 다른 사람들을 위해 당신이 무엇을 할 수 있는지 생각해 보라. 그것은 돈을 버는 일일 수도,

도전을 받거나 새 일을 배우거나 남을 돕거나 또 다른 유익을 가져다주는 일일 수도 있다. 만일 모두 사업을 하거나 적어도 동일한 관심을 가진 사람들과 그룹을 시작하고, 다 함께 브레인스토밍하고 아이디어를 나누는 그룹이라면 대부분의 사람들이 들어가고 싶어 할 것이다.

당신은 멤버들이 주된 목적에 동의하게 하고, 각 멤버가 받을 혜택을 염두에 두며 그룹의 조화가 유지되도록 해야 한다. 그러면서 모든 멤버가 혜택을 받을 수 있도록 최선을 다해야 한다. 이렇게 한다면 그룹이 아이디어의 원천이 되고, 당신은 목표를 이루는 데 필요한 자원을 훨씬 쉽게 얻게 될 것이다.

마스터마인드 그룹을 보는 또 다른 방식으로, '전략적 코치*The Strategic Coach*'의 댄 설리번*Dan Sullivan*에게서 나온 견해가 있다. 당신에게는 목표를 이루는 데 필요한 다른 능력들이 부족하다 해도 당신만의 유일무이한 능력이 있다. 그래서 당신이 이미 가진 것과 필요한 것을 조사하라는 것이다. 당신이 하고자 하는 것은 유일무이한 능력을 가진 팀을 만드는 것이다. '유일무이한 능력'이란 당신이 정말 잘하는 것이며 동시에 그것을 함으로써 활기를 얻는 것이다. 가르치는 것은 나의 유일무이한 능력이며, 나는 가르치면서 활기를 얻는다. 반면에 나는 사람들을 관리하는 일을 잘하지만 그 일을 할 때는 활기를 느끼지 못한다. 사실, 그 일을 별로 좋아하지 않는다.

궁극적으로 당신은 당신의 유일무이한 능력을 사용하고, 다른 일은 당신에게 필요한 또 다른 유일무이한 능력을 지닌 다른 사람들에게 위임하기를 원한다. 이 말은 그룹 멤버들이 정말로 잘하고 활기를 느끼는 일을 한다는 것을 의미한다. 그러면 매우 행복하고 생산적인 그룹이 된다. 당신은 당신이나 다른 사람들이 잘하지 못하는 일 또는 잘하지만 좋아하지 않는 일은 하지 않기를 원한다.

그러므로 당신의 유일무이한 능력이 무엇인지, 그리고 당신에게 없지만 필요한 능력들이 무엇인지 분명히 알기를 원한다. 당신은 전략을 짜거나 다른 사람들이 세운 전략들을 실행하거나 세부적인 것들을 다루는 데 능할 수 있다. 또는 기술이나 협상, 손재주에 능하거나 다른 사람들이 못 보는 관계를 잘 볼 수 있다. 당신의 유일무이한 능력이 무엇인지 숙고해 보라.

중요한 단서는 당신에게 열정을 주는 일을 생각하는 것이다. 당신이 어떤 일에 능하고 그 일이 당신에게 활기를 준다면, 그 일이 당신의 유일무이한 능력이다. 만일 당신이 어떤 일을 정말로 잘하지만 좋아하지 않는다면 그것은 당신의 유일무인한 능력이 아니다. 그러나 초기에는 당신이 목표와 관련해 모든 일을 해야할 것이다. 그것이 대부분의 사람들이 취하는 방식이다. 분명히 나 역시 그랬고, '누가 날 돕길 원할까? 누가 나와 함께 일하기를 원할까?'라는 느낌을 극복해야 했다. 지금은 모든 사람이 나와 함께 일하고 나를 돕기를 원하는 것 같다. 많은 사람의 경우와 마찬가지로 예전에 내가 가졌던 나쁜 느낌은 사실이 아니다.

당신의 유일무이한 능력을 알게 되면 유일무이한 능력을 소유한 팀을 만들 수 있다. 그러기 위해서 당신에게 필요한 능력이 무엇인지 생각하고, 그 능력을 가진 사람들을 찾아라. 예를 들어 나는 세세한 일들을 잘 못한다. 억지로는 할 수 있겠지만 피할 수 있으면 피하고 싶다. 대신에 큰 그림은 잘 본다. 따라서 나는 세부적인 일을 잘 다루고, 미세한 실수를 잘 가려내는 사람들과 일한다. 그것이 그들의 유일무이한 능력이다. 그들이 센터포인트 Centerpointe[8]에서 중요한 역할을 수행한다.

나와 함께 일하는 또 다른 사람들은 이벤트를 조직하는 일에 능하거나 사람들 관리 능력이 좋거나 기술 또는 프로젝트 실행 및 관리 능력이 좋다. 당신은 당신의 유일무이한 능력만으로는 돈을 벌 수 없다고 생각할지 모른다. 그러나 몇 가지 예를 생각해 보라. 당신은 앉아서 사람들과 이야기 나누는 것을 좋아하고, 아주 잘한다고 해 보자. 당신은 "그래서요? 그런 능력에 대해 누가 돈을 지불하겠어요?"라고 말할 것이다. 오프라 윈프리Oprah Winfrey는 그런 일을 하면서 1년에 5천만 달러를 번다. 잭 캔필드는 세계

---

8 172개국에서 16만 명 이상의 사람들이 자신들의 삶을 극적으로 향상시키기 위해 센터포인트와 일했다. www.Centerpointe.com에서 홀로싱크 기술의 무료 데모 CD를 받을 수 있다.

적 여행가이드인 한 친구에 대해 말해 주었다. 그는 세계의 흥미로운 도시들을 사람들과 어울려 다니면서 돈을 잘 번다. 릭 스티브스*Rick Steeves*는 여행을 다니며 여행 이야기를 쓰는 것을 좋아한다. 지난 20여 년간 그는 많은 여행 서적을 써서 사람들이 한정된 예산으로 엄청나게 흥미진진한 휴가를 즐길 수 있도록 도움을 주었다. 지금도 그는 자신이 쓴 책들을 업데이트하기 위해 전 세계를 돌아다닌다.

또 다른 예를 들어보겠다. 멜로드라마 시청이 주된 관심사인 여성이 있다고 해 보자. 그런 일에 누가 돈을 지불하겠는가?! 이 여성은 많은 사람이 멜로드라마 보는 것을 좋아하지만 여러 가지 이유로 좋아하는 방송을 종종 놓친다는 사실을 알게 되었다. 그래서 '멜로드라마 다이제스트*Soap Opera Digest*'라는 잡지를 창간했다. 그녀의 일은 드라마를 보고, 드라마를 놓친 사람들을 위해 줄거리를 요약해 쓰는 것이다.

이런 것들이 당신이 원하는 일에 집중하여 '나는 어떻게?'라는 마법의 질문을 할 때 나오는 아이디어이다. 그러므로 당신이 유일하게 잘하고 좋아하는 일이 무엇인지 알아내고, 그 일을 통해 무엇을 만들어 낼 수 있을지 자신에게 물어보라. 그런 다음 당신에게 없지만 필요한 유일무이한 능력을 가진 사람들을 찾아라.

'내부 협의체 싱크 탱크' 유형의 마스터마인드 그룹
– 피터 C. 시걸Peter C. Siegel[9]

어떤 일을 어떻게 해야 할지 모르겠다고 했는데, 잠시 뒤 놀랍게 정확한 해답이 떠오른 적이 있는가? 위기 상황에 직면했을 때, 그 상황을 극복할 올바른 선택 또는 결정을 한 경험이 있는가? 당신에게 결정적으로 필요한 것이 있거나 중요한 도전에 직면하거나 궁지에 빠졌는데, 친구들에게 조언을 부탁하자 모두 너무 바쁘다거나 관심 없어 하든가 무익한 제안을 해서, 당신 스스로 해결한 경험이 있는가?

나는 당신을 만나거나 개인적으로 알지 못하지만 이 모든 질문

---

9 최정점에 있는 최면 치료사이다. 『신뢰 구축하기(Building Super Confidence)』, 『삶에서 승리하기(Winning At Life)』, 『성공하는 사고 방식(Success Mind-Sets)』, 『불굴의 긍정적인 삶(Living Invincibly Positive)』 등 20권 이상의 책을 쓴 탁월한 저자이고, 지금까지 26년간 유명한 프로 운동선수들과 비즈니스 및 엔터테인먼트 분야의 유력 기관들과 함께 일해 왔다. www.incrediblechange.com에서 그가 개발한 프로그램들을 볼 수 있다.

에 모두 긍정할 것이라고 확신한다. 왜 이런 질문을 했는지 물을 것이다. 그 이유는, 당신은 당신이 아는 것보다 훨씬 유능하고 창의력이 있으며 정신적으로 기민하다는 사실을 알기를 원하기 때문이다. 정말로 당신은 매우 그렇다.

나는 스물여섯 살 때부터 선도적인 최면술사로서 많은 사람이 자신들이 소유한 줄도 모르는 내면의 자원과 능력을 발견하도록 도왔다. 이런 힘을 주는 자원들은 항상 한 가지 중요한 사실을 깨닫게 해주었다. 즉 이전까지는 해답과 방향을 밖에서 찾아야 한다고 믿었던 사람들이 이제는 자기 내부에서 찾을 수 있게 되었다.

이런 능력을 깨닫고 당신 안의 가능성을 신뢰하게 되면 당신은 당신을 생존하게 하며 발전을 돕는 외부 '세계'에 의존하거나 바라고 기다리며 원하고 꿈꾸는 것을 멈출 수 있다. 당신은 그야말로 내면으로 들어가 목표로 한 지식과 통찰력, 즉 당신이 필요로 한 정확한 답을 얻을 수 있다. 그렇게 찾은 답을 적용하면 당신은 필요를 충족시키고 계속 탐구하며 역량을 확장시켜 더욱 발전하고 진보할 수 있다.

내면의 지혜, 내면의 힘: 당신의 잠재의식은 반박할 수 없는 공급의 영역이다

"외부 사람들에게 어떤 조언이나 충고를 구할 필요가 없다는 말인가요?" 아니다. 많은 경우 다른 사람들의 의견과 관점을 물어야 한다는 것을 나도 안다. 많은 부분 우리는 그것을 통해 성장한다.

내가 말하고자 하는 바는, 당신이 소유한 능력들을 신뢰하고 지혜롭게 사용하는 법을 배워 개인적인 필요를 충족시키고, (자유의지를 사용하여) 계속해서 성장할 수 있다는 것이다. 당신은 당신이 인식하는 것보다 더 영리하고, 당신이 아는 것보다 잠재적 능력이 훨씬 더 크다.

· 당신의 이해력은 당신이 아는 것보다 크다.

· 당신의 삶에 필요한 사람들을 끌어당기는 능력은 당신이 아는 것보다 크다.

· 당신의 결단력은 당신이 아는 것보다 크다.

· 당신이 사물을 생각하고 평가하며, 잠재의식이 목표한 통찰력과 방향성을 제시하도록 하는 능력은 당신이 아는 것보다 크다.

· 당신이 위기에 대처하고, 요구를 충족시키고 정복하며, 행동 계획을 세우고 실행하며 성공시키기 위해 필요한 관점을 얻는 능력은 당신이 아는 것보다 크다. 수십 년간 나와 함께 일한 많은 고객이 말했다. "제가

지금 아는 것을 알고 있었는지 몰랐어요!" 그들에게 주는 나의 대답은 항상 똑같다. "흥미롭죠? 당신이 아직 의식하지 못하는 정신 영역에 또 무엇이 존재하는지 궁금합니다."

그렇다면 이 모든 것이 마스터마인드 그룹과 무슨 상관이 있을까? 좋은 질문이다. 이렇게 설명해 보겠다. 크게 두 종류의 마스터마인드 그룹이 있다. 첫 번째는 모임에 갖가지 확립된 지식을 소유하고, 아마도 돕고 또 도움을 받고자 하는 갈망을 가진 사람들이 모인다. 이것이 전통적인 마스터마인드 그룹의 형태이다.

당신이 마스터마인드 그룹을 만들어 현재 운영하고 있으며 멤버들이 지속해서 동기부여와 열정을 얻는 데 도움을 받고 있다면 좋다. 개인적으로 나는 치료사로서의 명성이 있고 삶의 변화를 돕는 사람이었기에 열정적인 마스터마인드 그룹 멤버들로부터 지속해서 자극을 받았다. 그들은 내가 직면한 마케팅이나 홍보 관련 상황에서 나를 돕기보다 내게서 뭔가를(그들 개인의 삶을 위해) 더 많이 원했다.

나의 경험상 마스터마인드 그룹에서 필요한 규칙은, 균형이다. 멤버들이 당신에게 진심으로 주는 것과, 그들이 당신에게 거는 개인적 기대와 요구 사이에 확실한 균형이 있어야 한다. 그렇지 않으면 당신은 다른 사람의 나무가 자라도록 물을 퍼주면서 정작 당신의 나무는 자라서 꽃을 피우는 데 필요한 양분을 얻지 못하게 된다.

이는 두 번째 종류의 마스터마인드 그룹인 '내부 협의체 싱크탱크'로 이끈다. 내가 처음에 한 질문들을 기억하라.

이제 두 번째 유형의 마스터마인드 그룹에서 당신은 개인적인 필요를 충족시키기 위해 아직 손대지 않은 광대한 잠재의식의 능력을 사용하게 될 것이다. 그리고 당신은 살아가면서 자신의 정신적 능력을 의지하게 될 것이다.

거듭 말하지만, 나는 다른 사람들의 통찰력을 바라거나 요구하지 말라고 하는 것이 아니다. 당신은 자신의 삶을 지탱하고 확장하는 힘을 인식하는 법을 배울 수 있고, 배워야 한다고 말하는 것이다. 그 힘을 신뢰하고 적용하면 '내면의 마스터마인드 그룹'이 당신의 행복을 증가시키기 위해 풀타임으로 일할 것이다.

당신의 내부 협의체 싱크 탱크 : 필요한 답을 구할 때 당신의 지혜와 능력, 창의력을 사용하라

내가 개인적으로 가르치는 이 과정은 실행하기 쉬우면서 놀라운 결과를 낳는다. 자세히 설명하겠다.

내부 협의체 싱크 탱크 과정

1. 먼저, 당신에게 방향 제시 또는 답이 필요하다고 느끼는 구체적인 것 하나를 적는다. 이것이 당신의 내부 협의체와 만날 장을 마련해 준다.

예를 들어, 당신의 새 책 제목을 궁리하고 있는가? 지원자 중에서 누구를 중요한 자리에 채용하겠는가? 상사에게 월급 인상을 요청하는 최선의 방법은 무엇일까? 어떻게 하면 당신의 상품이나 서비스를 라디오나 티브이에서 눈에 띄게 할 수 있을까? 한 가지에 초점을 맞춰 질문을 적어라.

2. 그런 다음 그 질문을 의식적으로 다시 보라. 떠오르는 아이디어를 무엇이든 적어라. 그다음, 자신에게 말하라. "이제 나는 이 물음을 나의 내부 협의체에 맡긴다. 그것의 집단 지혜와 통찰력이 무엇을, 그리고 어떻게 해야 하는지 정확히 안다."

3. 이제 당신은 잠재의식에 접근하게 될 것이다. 그러면 먼저 정신을 방해받지 않고 집중할 수 있는 조용한 곳으로 들어가라. 휴대전화를 내려놓고, 몸을 조이는 옷을 느슨하게 푼 다음 등을 기대어 안락의자에 앉든 침대나 바닥에 눕든 편안한 자세를 취하라.

두 눈을 감고 숨을 깊이 들이쉬어라. 코로 들이쉰 다음 천천히 입으로 내쉰다.

그다음에, 일곱 계단을 천천히 내려가는 자신을 마음으로 그려 보라. 한 계단씩 내려갈 때마다 마음속으로 조용히 '내려간다'고 되뇌어라. 계단을 내려갈 때마다 정신적 육체적으로 점점 더 긴 장을 푼다.

편안히 바닥에 내려오고 몸과 마음의 내적 평온과 위로를 느끼면, 다음 세 단계를 행하도록 의식을 전환한다.

4. 이제 당신은 내부 협의체 싱크 탱크로 들어간다. 그리고 상상으로 원탁 앞에 앉아서, 원탁 주위에 앉은 다른 네 명의 멤버를 분명히 인지한다.

· 창의력/새로운 아이디어 발전기

· 지혜/통찰력

· 동기부여/성공하고자 하는 의지

· 마케팅/판매 촉진

이런 요소들을 실제 사람이나 응축된 빛 에너지라고 상상하면 된다. 잠시 이들을 상상하고 각 멤버에게 진심으로 인사를 건네라.

5. 모임을 시작한다. 최고경영자의 자신감과 명쾌함을 가지고 멤버들을 바라본 뒤 그들이 소집된 이유를 말한다. 예를 들면, "오늘 우리는 다음의 문제를 토론하고 통찰력을 얻기 위해 이 자리에 모였습니다."

그런 다음 당신이 적은 문제를 분명하게 말한다. 그다음, 마음으로 한 사람 한 사람에게 차례대로 묻는다. "창의력/새로운 아이디어 발전소님, 당신은 이 문제를 어떻게 생각합니까?" 그러고 나서 그가 대답하도록 편안히 기다린다. 그들이 놀랍도록 선명한 계시를 선뜻 내놓을 수 있다. 또는 "음…, 좀 더 생각한 다음 알려드리겠습니다."라고 대답할 수도 있다.

그들의 대답이 어떻든, 고맙다고 말하라. 그런 다음 같은 방식으로 다음 멤버에게 물어라.

네 명의 멤버와 각각 대화를 나누고 대답에 감사를 표한 뒤, 숨을 깊이 들이쉬고 천천히 내뱉어라.

그런 다음 당신의 자리에 앉아서, 당신의 질문을 가지고 네 명이 토론하는 모습을 상상한다.

그들에게 다른 생각이 떠올랐는지 묻고, 대답을 듣는다. 그들이 좀 더 구체적으로 답하거나 이렇게 말할 수 있다. "계속 토론하다가, 좀 더 중요하고 유용한 정보나 방향이 정해지면 알려드리겠습니다."

6. "모두 감사합니다!"라는 말로 모임을 끝낸다. 다음의 말을 단호하지만 조용히 되뇌어라. "이 그룹은 모일 때마다 내게 귀중한 통찰력을 준다. 이들은 모두 마음으로 나의 일에 관심을 가진다. 이들은 무엇을 해야 할지, 그리고 정확히 어떻게 해야 할지를 안다. 이제 나는 이들의 통찰력과 지도를 계속 받아들이기로 완전히 마음을 연다!"

7. 다시 숨을 코로 깊이 들이쉬고 천천히 입으로 내쉰다. 이제 당신은 다시 의식을 되찾을 준비를 한다. 계단을 오르는 상상을 하는데, 한 계단씩 오를 때마다 점점 더 의식이 깨어난다. 계단을 다 올랐을 때 눈을 뜨고 숨을 깊이 들이쉬면서 폐에 공기를 채우고 기지개를 켠다.

8. 이제 종이와 펜을 들고서 내부 협의체 멤버들이 준 모든 정보를 적어라. 이때 충분히 시간을 가지고 그들이 준 제안과 방향성이 흘러나와 당신의 노트에 적히도록 하라.

9. 당신이 받은 모든 정보를 적었다면 체계적인 실행 단계를 세운다. 그런 다음, 그들이 말한 대로 하나씩 행하고 적용하며 실행한다.

통찰력의 강은 계속 흐를 것이다

당신이 모임 후 적은 정보에 더해 그룹은, 당신이 제기한 문제와 관련해 정보를 계속 공급할 것이다. 아이디어와 통찰력이 불쑥불쑥 생각날 것이다. 때로는 가장 뜻하지 않은 장소에서 말이다(예를 들면 운전하거나 장을 보거나 샤워하거나 운동하거나 식사하거나 전화 통화를 하거나 화장실에 있을 때 또는 독서하거나 골프를 칠 때).

그러므로 당신이 이 과정을 시작했다면 펜과 노트를 늘 가지고 다니기를 권한다. 그리고 가능하다면(운전하는 동안은 제외하고) 당신의 그룹이 알려 준 새로운 통찰력도 적어라.

최종 리뷰와 설명

당신의 내부 협의체 싱크 탱크 모임에 대해 항상 인내와 선의의 기대감을 가져라. 멤버들에게 억지로 따르게 하거나 대답을 강요하지 마라. 최대의 성과를 얻을 수 있도록 내가 설명한 대로 접근하라.

내부 협의체 모임을 적어도 3일 간격을 두고 일주일에 두 번만 갖기를 권한다. 그렇게 해야 잠재의식이 압박감을 느끼거나 감정적으로 과부하가 걸리지 않고 당신의 요청을 처리할 수 있다.

실행 가능하고 알맞은 답을 받았다면 (그리고 성공적으로 실행했다면), 다음에 그 그룹을 다시 소집해서 또 다른 필요를 제시하거나 질문할 수 있다.

매번 내가 설명한 형식을 잘 따라 하라. 이 과정을 많이 하면 할수록 당신에게 더욱 강력하고 효과적이며 실제적이 될 것이다!

당신 안에 있는 10만 달러 이상의 천재성을 끌어내는 방법!
- 데이비드 가핑켈 David Garfinkel

그룹의 멤버들이 서로 완벽한 조화를 이루며 생각할 때 "집단 천재성Collective Genius"이 만들어지는데, 이를 통해 개인의 힘은 비범하게 증가하고, 시간을 통과한 지식과 기술, 경험에 접근한다. 이 과정은 아직도 신비롭다.

집단 천재성은 그룹 멤버들의 지속적인 노력과 선의를 통해 그 힘과 유용성이 증가하는 사고의 비물질적 실체이다. 집단 천재성의 원칙들이 충실히 적용되면 과거에는 힘들거나 불가능했던 것이 오늘날에는 가능해지고, 사실상 매우 가까운 미래에 실현될 것이 보장된다.

집단 천재성

다음 글은 나폴레온 힐의 책 『부자가 되는 마스터키*Master Key to Riches*』 6장에 나오는 내용을 바탕으로 했다.

집단 천재성이란 "하나의 분명한 목적을 얻기 위해 완벽한 조화를 이루며 운영되는 두 명 이상의 사람들의 연합"이다.

이 정의는 개인이 힘을 얻기 위해 필요한 것이 무엇인지 알 수 있기 때문에 중요하다. 그리고 모든 성공은 부분적으로 이것에 기초한다. 집단 천재성의 원칙은, 개인의 차원이든 집단의 차원이든, 사실상 인간이 이루는 모든 진보의 토대가 된다.

여기서 가장 중요한 단어는 '조화'이다. 이 단어에 주의를 기울여라. 조화가 없다면 집단의 노력은 협력은 되지만 조화가 주는 힘에는 미치지 못한다. 그리고 이 힘이 없다면 위대한 성취를 이루기가 불가능하다.

집단 천재성이 주는 몇 가지 주요한 혜택이 있다.

혜택 1: 집단 천재성 그룹을 통해서 당신은 다른 사람들의 경험과 훈련, 교육, 전문 지식, 타고난 능력을 마치 당신 것처럼 누릴 수 있다!

혜택 2: 하나의 분명한 목적을 얻기 위해 두 명 이상의 사람들이 완벽한 조화의 정신 속에서 협력하면, 그들은 높은 수준의 영감을 서로 자극하고, 믿음이라는 정신 상태에 이른다! (이런 자극이 얼마나 강력한지 약간이라도 감을 잡으려면 친밀한 친구와 있을 때를, 아니면 더 좋은 예로 사랑에 빠졌을 때를 생각해 보라.)

혜택 3: 집단 천재성의 원칙이 실제로 적용되면, 당신이 잠재의식의 영역에, 그리고 동료들의 잠재의식의 영역에 연결되는 효과가 발생한다. 이 말은 사실상 당신이 전혀 배우지 않은 지식에 접근한다는 뜻이다! 집단 천재성의 그룹을 통해 기적처럼 보이는 많은 성과가 달성되는 현상이 이것으로 설명된다.

집단 천재성 그룹의 모임에서 무엇을 해야 하는가

멤버들은 세 가지 역할을 담당한다.

1. 리더
2. 시간 측정하는 사람
3. 서기

리더의 역할은 모임을 소개하고, 모든 멤버가 주제에 집중하게 하며, 불화를 조정하고, 회의 중 멤버들이 한 말을 후반에 간단하게 요약하며, 다음 모임 시간을 정하는 것이다.

시간을 측정하는 사람은 멤버들의 발언 시간이 얼마 남지 않거나 끝났을 때 알려 준다.

서기의 역할은 매우 간결하고 체계적으로 기록하는 것이다. 일주일 뒤에 그 기록을 멤버들에게 보낸다.

회의 날짜

멤버 1: 이 사람에게 있었던 일을 한 문장으로 요약한다.

모임에서 나눈 목표나 문제를 한 문장으로 요약한다.

다음 회의 때까지 달성해야 하는 목표를 한 문장으로 요약한다.

기록은 다음 회의를 언제 할 것인지를 기록한 후 끝낸다.

주의: 이 기록은 바로 보내지 않고 회의가 끝나고 일주일 뒤에 보낸다. 회의 때 무엇을 약속했고 다음번 모임이 언제인지 상기시키기 위해서이다. 이렇게 하면 멤버들이 너무 바빠서 모임 사이에 전화 연락을 못할 경우에도 그룹의 연속성을 최대한 보장해 줄 것이다.

정규 모임이 이렇게 진행된다.

2분: 리더가 시작을 알린다. 인사하고 모임을 시작한다.

14분: 첫 번째 멤버가 말한다.

14분: 두 번째 멤버가 말한다.

14분: 세 번째 멤버가 말한다.

14분: 네 번째 멤버가 말한다.

2분: 리더가 각 멤버의 말을 요약하고, 다음 회의 날짜를 정하고, 주중에 전화로 재확인시켜 줄 필요가 있는지 물어보고 나서 모임을 끝낸다.

회의 중 각 멤버의 시간은 다음과 같이 사용되어야 한다.

첫 5분: 지금까지 해온 일을 말한다.

4분: 목표나 문제를 말한다.

5분: 그룹 브레인스토밍으로 해답을 구하고, 자신의 최종 목표를 말하며 발언을 마친다.

최선의 태도와 접근법

우리가 할 수 있는 가장 좋은 일은 다른 멤버들의 목표와 문제를 우리와 재정적, 감정적으로 이해관계가 있는 일로 여기는 것이다. 즉, 우리의 경영 능력, 코칭, 다른 사람을 돕기 위한 동기부여 기술을 최대한 활용하면 가장 효율적이고 많은 성과를 낼 수 있다.

나는 신속한 반응은 너무 열광적이거나 너무 비판적인 쪽으로 치우칠 수 있다는 것을 개인적 상담을 통해 알게 되었다. 우리가 서로를 열정적으로 지원하고 건설적으로 비판하는 일은 중요하다. 나는 우리가 하는 논평과 제안, 관찰, 질문은 정보를 얻기 위해서뿐 아니라 대화 상대가 최대한의 이해와 인정을 받는 수준에 이르도록 하기 위해서도 중요하다고 생각한다.

아이디어를 빠르게 전달해야 한다는 부담이 있으면 말을 너무 급히 자르거나 지나치게 격려한다. 이런 경우를 예상해야 하고, 그래서 결국, 브레인스토밍을 한다. 모든 멤버가 계속 나아가도록 절제하며 최선을 다해야 한다.

이런 태도와 접근법을 실행하기 위한 몇 가지를 제안한다.

· 상담하는 자세로 집중하라. 말하는 멤버가 올바른 결론을 내릴 수 있도록 당신이 할 수 있는 일을 하라.

· 간결함을 유지하라. 우리는 모두 시간이 허락하는 것보다 더 많은 정보를 갖고 싶어 한다. 주요 사실만 질문하라. 현실에서 우리는 종종 불충분한 정보에 기초해 결정을 내려야 한다. 때로는 이 모임에서도 그렇게 해야 할 것이다.

· 즐겨라. 뛰어난 협상 교사인 허브 코헨*Herb Cohen*은 '아이디어 반대자'와 '개인적 반대자'의 차이를 말한다. 말하는 사람의 동기나 성격 문제가 아닌 행동과 아이디어에 집중하도록 하자! 조언할 때에도 마찬가지

로 시간을 갖고 즐겨라.

· 이 모임을 우선시하라. 모임에서 멤버들과 함께하는 시간의 집단 가치
는 천 달러가 족히 넘는다. 만일 각 멤버에게 돈을 준다면 만 달러가 넘
을 것이다. 천 달러에서 만 달러 사이의 자산을 대하듯 이 시간을 활용
하라.

· 당신의 일정이 아닌 멤버들의 일정에 집중하라. 만일 어떤 멤버의 목표
나 문제가 당신 생각에 잘못된 문제나 목표라면, 당신이 최고로 도울
수 있는 방법은 그 사람이 그런 사실을 조만간 깨닫도록 하는 것이다.
그러면 그 사람은 그런 실수를 다시 하지 않을 것이다. 어떤 부분에 지
원받기를 원한다는 멤버의 말을 그대로 믿고, 그가 도움을 요청한 부분
을 도와라.

· 활동이 아닌 달성하는 것이 중요하다. 최선의 노력과 영웅적 의도보다
달성하는 것이 중요하다. 당신 자신과 다른 사람들이 끝까지 달성하도
록 격려하라.

가장 단순하고 빠른
마스터마인드 그룹
– 필 알렉산더 Phil Alexander[10]

나의 전화기가 울렸다. 나는 시계를 확인했다. 밤 11시 3분? 잘못 걸려 온 전화이거나 응급 전화, 아니면 불면증에 걸린 텔레마케터일 것이다.

그중 하나로, 일종의 비상용 전화였다. 세미나에 간 나의 친구가 발표 자료에 난 빈자리를 채울 재료가 필요하다는 것이었다. 내게 자료가 있었던가? 물론이다. 내가 세미나에서 잘 소개해 친구의 위치를 드높일 방법을 브레인스토밍할 수 있었을까? 물론이다. 내가 그것을 빠르게 친구에게 메일로 첨부해 보낼 수 있었을까? 문제없었다. 친구는 정보 마케팅 분야에서 내가 가장 아끼는 오랜 친구였고, 나는 그 친구를 돕고 싶었고 그 친구 역시 나를

---

10 필 알렉산더는 요즘 자신의 전문가 과정 『당신의 틈새시장에서 전문가 되는 방법(How to Be the Dominant Guru in Your Niche)』의 마무리 작업을 하고 있다. www.philalex.com에서 그의 많은 자료를 찾아보라.

도왔었다.

당신이 활동적인 네트워크에 연결되어 있다면 이런 전화가 자주 올 것이다. 크건 작건 모든 네트워크는 일반적으로 아주 잘 운영된다.

사람들 대부분은 마스터마인드 그룹이라면 클수록 더 좋을 것이라고 생각한다. 나는 그렇게 생각하지 않는다. 크다고 해서 좋거나 나쁜 것이 아니다. 이것은 분명히 다르다. 나의 경험상 작은 그룹이 가장 효율적이고 생산적이다. 그룹의 규모가 왜 그렇게 중요한지 물을 것이다.

마스터마인드 그룹에서 멤버들의 수는 결정적으로 중요한 요소 중 하나이다. 그룹에 멤버 한 명이 더해질 때마다 아이디어의 원천이 되면서 동시에 그것을 되받아치는 벽이 더해진다.

사람들은 다른 사람들과 반응하고 화학 반응을 일으키며 관계를 맺는다. 그리고 사람이 많아질수록 마찰이 일어날 수밖에 없다. 수학 용어로 갈등의 가능성이 기하급수적으로 증가하지만 전문 지식 영역은 선적으로만 증가한다.

대부분의 오래 가는 마스터마인드 그룹의 멤버 수는 여섯 명에서 스무 명 사이이다. 당신이 25명의 멤버와 물질적 충돌의 위협 없이 조화롭게 운영해 나갈 수 있다면 당신은 나보다 더 나은 사람이다.

이제 당신의 첫 마스터마인드 그룹에 대해 이야기해 보자. 작게 유지하라.

마스터마인드 그룹을 만드는 데 필요한 최소한의 인원은 몇 명일까?

한 명? 한 명은 마스터마인드 그룹이 아니다.

두 명이다. 두 사람의 말을 마스터마인드 그룹의 말로 여겨야 할까? 그것은 보통 '대화'라고 하지 않을까?

당신은 두 사람이 대화하는 것을 마스터마인드 그룹이라 생각하지 않았을 것이다. 그러나 대화 파트너가 마스터마인드 그룹의 유익을 제공한다면 당신은 마스터마인드 그룹을 하고 있는 것이다. 이런 대화가 나의 마음과 관점을, 그리고 어느 때에는 나의 삶을 바꿨다.

두 사람이 강력한 미니 마스터마인드 그룹을 형성할 수 있다. 미니 마스터마인드 그룹은 토론이 필요한 가장 작은 주제에 집중하고, 필요하다면 다시 그 주제로 돌아올 수 있기 때문에 가장 강력한 그룹이다.

장점

소규모 마스터마인드 그룹에는 장점이 아주 많다.

첫째, 쉽다.

멤버가 많은 그룹은 일정을 잡는 일이 UN 회의 때 대사들을 자리에 앉히고 주의를 집중시키는 일만큼 어렵다. 그러나 두 명의 마스터마인드 그룹의 경우는 확실히, 빠르게 일정을 잡고 실행할 수 있다. 그리고 다 알듯이, 모임이 쉽게 성사되면 일이 달성될 가능성도 쉬워진다.

단순히 쉽고 편하기만 한 것이 아니다. 신속하고 쉬운 답이 필요하다면, 두 사람의 마스터마인드 그룹이 그 어떤 것보다 빠르게 답을 줄 수 있다. 마스터마인드 순수주의자들은 직접 대면하는 모임이 가장 좋다고 주장한다. 그들의 말이 옳다. 그러나 15분간의 대화를 위해 장거리를 이동하는 것은 시간을 합리적으로 사용하는 방법이 아니다.

둘째, 집중할 수 있다.

좋든 싫든 간에 모든 대규모 마스터마인드 그룹에는 의견 차이가 있을 것이다. 이 의견 차이가 그룹을 매우 귀중하게 만든다! 그러나 때로는 큰 그룹에서 구체적인 사항을 이야기하기 위해서 둘이나 셋으로 구성된 소규모 그룹이 생겨날 수 있다. 작은 그룹이 집중하게 하고 시간을 존중하게 하면서 큰 그룹을 순조롭게 진행시킨다. 멤버들을 처음 참여하게 만든 초점이 바뀌면 마스터마인드 그룹은 약해질 수 있다. 그러나 큰 마스터마인드 그룹에

만나라 그러면 부자가 되리라

서 나온 작은 그룹들이 원래의 큰 그룹을 유지시킨다.

셋째, 프라이버시가 유지된다.

'상상의 사업가' 세계에서는 모든 것이 공유된다. 아무도 남의 권리를 가로채거나 은밀한 정보를 폭로하지 않고 모든 사람이 합리적이다. 항상. 그러나 실제 세계에서는 좋건 싫건 간에 당신은 모든 거래를 드러낼 수는 없다. 왜냐하면 어떤 사람들은 모든 부분에서 협조하는 것이 아니기 때문이다. 인정하건대, 정보의 무료 나눔이 좋은 마스터마인드 그룹의 특징 중 하나이다. 그러나 어떤 정보는 매우 민감하고 곤란하거나 위험해서 전체 멤버에게 공개될 수 없다. 더욱이 어떤 사람들은 어떤 관점에는 대립하기 때문에 소규모 그룹이 나오게 되고, 나와야 하며, 결국 결정된다.

넷째, 동등하다.

한 멤버가 그룹을 지배할 수 없다. 만일 그렇게 한다면 그는 한 가지 말투로 말하게 될 것이다. 당신이 고생을 즐기는 사람이 아닌 한 당신은 계속 가져가기만 하는 사람과 마스터마인드 그룹을 하지 않을 것이다.

지배하려는 태도는 때로는 큰 그룹에서 더 많다. 그러나 단지 대립되는 관점을 표현하는 것과 지배 사이의 차이를 분명히 하는 것이 중요하다. 대립되는 관점을 표현하는 것은 그 사람이 분열시키려는 의도가 아닌 한 문제가 안 된다.

단점

그렇다면 소규모 그룹의 문제점들은 무엇일까?

첫째, 아이디어의 한계가 있다.

좋든 싫든 당신의 마스터마인드 그룹에 멤버가 당신을 포함해 단둘이라면, 멤버가 20명인 그룹에서보다 훨씬 빨리 아이디어의 한계에 도달할 것이다. 이런 문제는 우선 박식한 마스터마인드 파트너를 선택함으로써 관리할 수 있지만 결국 두 사람의 아이디어가 고갈되면, 다른 사람에게 도움을 청해야 한다.

다수의 사람에게 어떤 문제를 제시하면, 아이디어들이 촉발하기 시작한다. 한 사람이 하나의 아이디어를 내면 거기에 두 번째 사람이 뭔가를 더하고, 세 번째 사람이 잠재적 문제를 제거하고, 네 번째 사람이 마무리 작업을 한다. 물론 때로는 다섯 번째 사람이 공을 다 차지하기도 하지만 그것 또한 감당해야 할 위험 요소이다.

두 명의 마스터마인드 그룹의 힘을 극대화하는 방법

전화로 운영되고, 특히 두 명이 모이는 마스터마인드 그룹을 위한 중요한 여섯 가지 팁

첫째, 방해물을 제거한다.

나는 수많은 사람이 마스터마인드 그룹 전화 모임에 중요하고 바쁜 사람을 참여시키기 위해서 피나는 노력을 하는 것에 매우 놀랐다.

마스터마인드 그룹 모임 일정을 잡을 때 참여자들의 주의를 흩뜨릴 수 있는 방해물에 주의하라. 멤버들이 많은 그룹 모임을 진행할 때 휴대전화를 진동으로 해 놓고 컴퓨터 이메일 알람을 꺼 놓는 것은 보통 불문율이다. 마스터마인드 그룹이 당신을 포함해 두 사람으로 구성되면 대충 하기 쉽다. 휴대전화를 열어 빠르게 통화하고, 즉시 만족감을 얻기 쉽다.

진짜 마스터마인드 그룹의 통화는 충동적인 대화로 끝내기에는 너무도 귀중하다. 나는 정기적으로 통화하는 사람들의 목록을 나의 컴퓨터에 문서로 저장해 놓는다. 다음번에 나눌 이야기가 생각날 때마다 그들 이름 밑에 간단히 적어 놓는다. 그것이 통화를 하거나 이메일을 보낼 때 언급할 내용이다. 이렇게 일이 진전

되고, 내가 그들의 시간을 최소한만 방해하게 만든다.

허물없는 두 사람 간의 전화 통화의 치명적인 문제는 시간을 낭비하는 것이다. 하찮은 이야기로 시간을 낭비하지 말고, 통화 시간을 지켜라.

둘째, 대기 통화를 없앤다.

당신이 중요한 통화를 하고 있는데, 또 다른 사람이 전화를 걸어 통화 대기를 하고 있다. 상대방이 통화 대기자를 확인한 다음 그와 통화를 하고, 당신은 기다리게 한다면? 아니면 그가 통화 대기 전화를 받지 않는다고 해도, 통화 대기 신호가 계속 당신의 대화를 방해할 것이다!

어떤 경우라도 통화 중 대기 전화는 적절하지 못하다. 대부분의 마스터마인드 그룹 통화는 미리 계획되어야 하며, 간단명료해야 한다. 이때 대기 중 통화는 차단해야 한다.

셋째, 사전 준비를 해야 한다.

나는 매년 회사에서 판매왕을 차지했던 친구를 만났다. 해마다 회사에서는 그의 노하우를 다른 판매자들에게 가르치게 했다. 그는 자신의 방법을 기꺼이 가르치려 했지만 다른 사람들은 배우는 데 관심이 없었다. 그에게는 단 하나의 비결이 있었고, 그는 그것을 무료로 털어놓았다.

만나라 그러면 부자가 되리라

그것은 무엇이었을까?

약속을 미리 계획하는 것이었다. 계획, 이것이 그의 비결이었다. 그는 계획에 강한 사람이었다. 모든 것을 계획했다. 모임 시간도 미리 정해 놓았다.

'타고난 판매자'라는 신화가 있다. 많은 사람이 좋은 판매자란 로빈 윌리엄스*Robin Williams* 같이 뛰어나며 즉흥적인 유머 감각으로 협상을 승리로 이끌어 낸다고 생각한다. 즉흥적으로 나오는 것 같은 대부분의 말이란, 사실은 미리 써놓은 대본을 적절한 순간에 끄집어내는 것일 뿐이다. 그의 말로 표현하면 다음과 같다.

"나는 출장 판매원입니다. 나의 시간은 돈과 같지요. 물론 내 사업에서 이동이 큰 부분을 차지하지만 어떤 고객들은 그들의 규모와 잠재적 이익으로 인해 어느 정도의 시간만 투자할 가치가 있습니다. 시간을 너무 많이 들이면 이익이 줄어들기 때문에 나는 전화로 서비스를 제공하거나 길게 설명합니다. 그리고 약속을 미리 계획함으로써 고객이 공통적으로 하는 반박에 미리 준비하고 대응을 계획합니다. 사실은 상품을 소개할 때 고객의 공통적 반박을… 미리 무효화시키려고 합니다."

정말로 현명한 말이다.

전화 회의 계획 짜기는 달력에 표시하는 것 이상의 의미를 갖는다. 대부분의 성공한 사업가들은 그들이 할 수 있는 최대한 모든 것을 계획한다. 그들은 모르는 것을 계획할 수 없다는 것을 안다.

물론 때로는 예기치 못한 일이 일어나 미리 계획한 것이 소용 없어지기도 한다. 이것을 게으른 사람들은 계획을 세우지 않는 것에 대한 변명으로 삼는다. 하지만 그렇지 않다. 계획은 세워 두면 기운을 엄청나게 북돋워 준다.

넷째, 일정표를 가진다.

일정표가 있다면 회의 며칠 전에 멤버들에게 보내라. 이 작은 항목이, 파트너의 잠재의식에 남아서, 그가 의식하지 못한다고 하더라도, 마스터마인드 회의를 더 잘 준비하게 만들 것이다.

미국 회사에서 일한 적이 있다면 일정표를 갖고 회의에 참석해 보았을 것이다. 당신의 이메일이나 서류함에는 회의 전에 온 토론 목록이 있을 것이다. 한정된 시간과 일정표로 인해 당신은 시간을 최대한 활용하게 될 것이다.

다섯째, 전화를 건다.

전화 회의를 할 때 누가 전화를 걸까? 제발 당신의 파트너가 장거리 전화를 걸도록 하는 구두쇠가 되지 마라. 당신이 전화를 거는 것이, 그리고 예약 통화를 하는 것이 훨씬 좋다. 그러면 당신이 주도권을 잡을 수 있기 때문이다.

여섯째, 대화를 기록하거나 녹음한다.

모든 것을 머릿속에 저장할 수는 없다. 적어도 나는 그렇다. 사소한 것들도 듣기만 하면 곧 잊힌다. 녹음하거나 기록해 두면 몇 주, 몇 달 또는 몇 년 뒤에 그것이 아이디어로 생각날 수도 있다.

실제로 나는 내 책상이 쪽지들로 가득하기에 정보를 관리하는 방법을 약간 연구해 보았다. 그 결과, 뛰어난 정보 관리자들은 정보나 일정, 계획을 잊지 않기 위해 다양한 방법을 사용한다는 것을 발견했다. 그런데 모든 것이 하나의 장치 또는 제품에 가득 들어찬다. 다시 말해 점심 때 냅킨에 메모하고, 점심 영수증에 아이디어를 적고, 성냥갑에 고객에게 통화할 내용을 기록하지만 저녁이면 그 메모들을 전부 한 곳으로 옮긴다.

개인적으로 나는 일정이나 계획을 나의 컴퓨터에 기록한다. 그러나 집 밖에 있을 때는 작은 노트를 사용한다.

마스터마인드 그룹 전화 회의가
정말로 필요할 때

마스터마인드 그룹은 문제에 대한 해법을 찾는 방법이라 생각할 수 있다. 그러나 때로는 해법이 아닌 정답이 필요할 때가 있다.

나는 많은 사업가에게 실제적인 정보를 주고 있다. 그들은 내가 밤늦게까지 일할 때 팩스를 보내 정보를 묻는 일이 흔하다. 나는 사람들이 나의 전화기에 메시지를 남기거나 직접 전화를 하면 실례 또는 방해가 된다고 생각해서 팩스나 이메일로 보내는 것에 감사한다.

그렇다면 해법과 정답의 차이점은 무엇일까? 정답은 대체로 더 절대적이고, 더 빠르게 도출할 수 있다.

중요한 점은 정답을 얻으려고 마스터마인드 그룹 모임 시간을 낭비하지 말라는 것이다.

정답을 요구한다는 것은 마스터마인드 그룹이 아니다. 정답을 요구하는 통화는 일방적이다. 마스터마인드 그룹 모임은 양방향이다. 정답은 일종의 강요이지만 마스터마인드 그룹 모임은 협력이고, 협력이어야 한다. 빠른 정답이 필요하다면 상대편의 개인 시간을 방해하지 마라. 대부분 전문가들의 일정은 매우 촘촘히 짜여 있어서 방해를 허용하지 않는다.

이 시점에서 물을 것이다. 너무 단호하고 편협한 말이 아닌가? 계획된 마스터마인드 그룹 회의가 시간을 넘긴 적이 있는가? 진전 없는 일을 가지고 토론해 본 적이 있는가?

내 말이 일 중독자의 말처럼 들릴 것이다. 물론 때로는 나의 마스터마인드 그룹 통화가 공통 관심사 주변을 헤맬 수도 있다. 여기서 '공통'이라는 말이 중요하다. 우리는 모두 서로 관심 없는 주제로 길게 통화할 때는 지루해 죽을 뻔한 기억이 있을 것이다.

마스터마인드 그룹을 당신의 경력으로 바꾸는 방법
– 미치 메이어슨 Mitch Meyerson [11]

마스터마인드 그룹의 개념은 분명 새로운 것은 아니지만 오늘날 늘 변하고 경쟁적인 비즈니스 환경보다 더욱 유의미한 적은 없었다. 전례 없는 속도로 변하는 온라인 및 오프라인 환경에서 소규모에서부터 중간 규모의 사업가들은 이런 변화를 빠르게 판단하고 환경에 적응해야 한다. 그리고 그 어느 때보다 더, 신선한 아이디어를 창출하고 데이터베이스를 강화하며 함께 책임을 지는 동료 파트너들이 필요하다.

지난 몇 년간 나는 나의 온라인 비즈니스의 중심을 확실히 바

---

11 『온라인 마케팅 수퍼스타의 성공 비결(Success Secrets of the Online Marketing Superstars)』 과 『당신이 원하는 삶을 창조하는 여섯 가지 비결(Six Keys to Creating the Life You Desire)』 을 비롯해 여러 권의 책을 썼다. 또한 '게릴라 마케팅 코칭 프로그램(The Guerrilla Marketing Coaching Program)', '상품 공장(Product Factory)', '트래픽 스쿨(Traffic School)' 등을 공동 개발 했다. 더 많은 정보를 원하면 www.MitchMeyerson.com을 방문하라.

뀌 준 마스터마인드 그룹에 소속되어 왔다. 이 마스터마인드 그룹은 열정과 창의력, 열린 마음으로 매주 토의에 참여하는 다섯 명의 성공한 코치들로 구성된다.

이 그룹에서 다룬 가장 중요한 주제는 코칭 산업의 변화하는 환경이었다. 인터넷의 엄청난 성장과 시장에서 빠르게 증가하는 코치들의 수와 함께 경쟁이 매우 급격해지고 정보는 늘 현실에 적응하기를 요구하며 코치들의 과잉 공급이 뚜렷해졌다. 우리는 이 분야의 동향과 미래에 대해 토론하고 생각했다.

마스터마인드 그룹에서 질문은 매우 중요하다. 우리가 토론한 질문들을 몇 가지 들어보면 다음과 같다. 고객이 정말로 찾는 것은 무엇인가? 무엇을 제공해야 주목받을까? 현재의 시장 상황을 고려하면 무엇이 정말로 필요할까? 우리가 이끌어 낸 대답은 공동체와 상품 개발, 강한 리더, 단기간 결과에 대한 책임이었다.

한 가지 동의하는 점은 틈새시장의 전문가로서 정보를 갖고 있어야 한다는 것이다. 이 주제와 관련해 한두 권의 전자책이 있음에도 실제로 사업가들이 일정 기간 단계별로 상품을 개발하도록 돕는 온라인 학습 환경은 마련되어 있지 않다.

마스터마인드 그룹 모임 중 브레인스토밍 시간에 마이클 포트 _Michael Port_와 나는 학생들이 90일 만에 상품을 만들 수 있는 온라인 학습과 코칭 커뮤니티인 '상품 공장_The Product Factory_'을 만들 아이디어를 내놓았다(www.90DayProduct.com). 이 프로그램은 우리의 마스터마인드 그룹 연구를 활용해 커뮤니티를 만들고 인터넷 기반 기술에 접근해 집중적인 시간제한 프로그램을 만드는 것이다. 이 프로그램은 최종적으로 가장 성공적인 인터넷 프로그램 중 하나가 되었고, '트래픽 스쿨*Traffic School*'이라는 또 다른 획기적인 프로그램을 만들어 냈다(www.TrafficSchoolSystem.com).

마스터마인드 그룹은 시너지 효과와 팀워크를 위한 훌륭한 모델이다. 동료 사업가들을 승패에 기반한 경쟁 관점에서 보지 않고 아이디어와 유연한 사고를 자유롭게 나누는 협력 관계로 접근한다. 이러한 사고방식과 알맞은 사람들이 모인 그룹에서는 모든 사람이 승자가 된다.

요약하면 마스터마인드 그룹은 사업가들을 다음과 같은 다양한 측면에서 도울 수 있다.

· 새로운 상품과 서비스를 위한 브레인스토밍

· 공동체 창조

· 자원 확장과 노출 빈도 증가

· 책임 시스템 창조

· 지지와 격려를 얻는다

· 부분들의 합보다 훨씬 큰 시너지 효과 창출

오늘날 디지털 기반의 세계는 엄청난 기술 진보와 기회를 가져

왔지만 사람 사이의 거리감도 초래했다. 마스터마인드 그룹은 앞에서 언급한 성과를 낳고, 그것에 더해 오늘날 사회에 중요한 필요, 즉 인간 사이의 연결을 되살려 주는 훌륭한 방법이다.

창의력의 폭발
- 밥 샤인펠드Bob Scheinfeld[12]

세계에서 가장 성공하고 존경받는 사람들은 종종 '창의적'이라 불리고, 창의력은 매우 높이 평가되는 재능이자 기량이다. 창의적으로 타고난 또는 창의력을 활용하는 법을 찾은 사람들은 문제를 해결하고, 새로운 아이디어를 찾아내며, 프로젝트를 성공시키거나 효율성을 높이고, 세상에서 가능하다는 일의 한계를 초월한다.

그런데 당신은 원하거나 필요할 때 어떻게 창의력을 자극하고 폭발적으로 증가시킬 수 있을까? 내가 발견한 한 가지 방법은 마스터마인드 그룹이다.

나는 마스터마인드 그룹에 단순한 멤버 또는 중심 세력으로 참

---

12 베스트셀러인 『성공에 이르는 보이지 않는 길(The Invisible Path to Success)』과 『11번째 요소(The 11th Element)』의 저자이다. 그의 열정은 다른 사람들이 노력하여 그들의 '궁극적 생활방식'을 살도록 돕는 것이다. 더 많은 정보를 얻으려면 www.bobscheinfeld.com 을 방문하라.

여할 때마다 그룹이 만들어 내는 역동적인 힘에 항상 놀란다. 아이디어가 많지 않았던 사람들이 갑자기 놀라운 아이디어를 내놓고, 원래 창의적이고 아이디어가 많았던 사람은 그 기량을 더 높은 수준으로 발휘한다. 감탄스러운 현상이다.

물론 중요한 비결은 마스터마인드 그룹의 핵심 규칙이, 참여자들이 어떤 판단이나 비판, 제한 없이 자유롭게 나눈다는 점에 있다. 내 경험상 마스터마인드 그룹에는 두 가지 배움의 방식이 있다.

1. 직접적인 배움
2. 충돌을 통한 배움

직접적 배움이란, 누가 당신에게 'X'를 말하면 당신이 'X'의 가치를 알게 되는 것이다. 충돌을 통한 배움은 누가 'X'를 말하면, 'X'가 당신에게 가치가 있든 없든 당신은 'Y'를 생각하고 'Y'가 당신에게 매우 가치 있게 되는 것이다.

마스터마인드 그룹에서 나오는 창의력의 폭발은 직접적이고, 역동적으로 충돌한다. 때때로 누군가 아이디어를 내놓으면 그룹의 다른 멤버들은 그것의 가치를 알아본다. 또 때로는 한 사람이 하나를 말하면, 다른 멤버들은 또 다른 것을 말하고, 두 아이디어를 통해 또 다른 사람이 세 번째 '충돌 아이디어'를 내놓는데, 그것이 더욱 가치를 발한다.

나는 마스터마인드 그룹 모임에서 토론 중인 어떤 문제에 대한 답을 내놓을 때, 나 자신도 내 입에서 나온 말에 종종 놀랐다. '이 아이디어가 어디에서 나왔지?'

나의 베스트셀러 중 하나의 눈부신 제목은 마스터마인드 그룹의 한 멤버에게서 나왔다. 내가 책 제목을 놓고 고심하면서 책의 중심 개념을 나눴을 때, 한 멤버가 번득이는 아이디어를 불쑥 내놓았다.

마스터마인드 그룹의 창조적 원동력 덕에, 세계 최대의 임시 고용 서비스 업체이며 포춘 500대 기업에 드는 '맨파워*Manpower*'의 창시자인 나의 조부 애런 샤이펠드*Aaron Scheinfeld*는 경영팀이 가족과 멀리 떨어져 있는 동안 마스터마인드 그룹을 결성할 기회를 주기 위해서 중서부 지역에 컨퍼런스 센터를 만들었다. 그분은 마스터마인드 그룹의 힘을 믿으셨다.

나는 나이가 들수록 더 많은 시간을 '창의적 황홀경'이라 부르는 상태에서 보내고 싶다. 그 순간은 내가 살면서 경험하는 가장 즐거운 상태이다. 그것에 내 삶과 비즈니스 에너지와 시간을 쏟기 위해서 최근 나는 하는 일과 방식을 바꿨다. 마스터마인드 그룹에 참여하면 오랜 시간 그런 일에 에너지를 사용하게 되고, 나는 그것이 무척 좋다.

마스터마인드 그룹의 혜택
- 라리나 케이즈Larina Kase 박사
(www.PAScoaching.com)

마스터마인드 그룹의 혜택은 '둘이나 넷 또는 여섯 또는 여덟 사람이 한 사람보다 확실히 낫다'라는 말로 표현된다. 마스터마인드 그룹이 만드는 '함께'는 매우 강력하다.

나는 심리학자로서 사람들의 정신적인 능력에는 한계가 있고, 또 사람들은 정신적인 틀과 마음의 덫에 쉽게 갇힌다는 사실을 안다. 마스터마인드 그룹의 멤버들은 당신이 결코 보지 못하는 가능성을 보도록 돕고, 당신의 비전이 실현성이 없어 보일 때 현실을 직시하게 한다.

우리는 백만 달러짜리 아이디어를 제시한다고 생각할지 모르지만 단지 마음속에 쌓인 어떤 것을, 이전에 행해진 어떤 것을 기억하고 있을 뿐이다. 그런 일이 내게도 일어났지만 다행히 나의 동료들이 나의 독특하고 놀라워 보이는 아이디어가 사실은 전혀 그렇지 않다는 사실을 일깨워 주었다.

만나라 그러면 부자가 되리라

때때로 우리는 자신의 아이디어에 너무 몰두한 나머지 편향된 방식으로 가치를 부여한다. 당신의 가설에 주저 없이 질문하고 팔라고 하는 사람들을 포함해 마스터마인드 그룹을 결성할 때 이 점을 염두에 둬라. 그들은 시장의 거울 역할을 할 수 있고, 당신이 너무 많은 시간과 에너지를 쏟고 힘들게 교훈을 배우기 전에 잠재적 반대와 어려움을 생각하도록 도울 수 있다.

마스터마인드 그룹의 또 다른 놀라운 면은 정신적인 시너지 효과이다. 한번은 내가 속한 마스터마인드 그룹의 여러 멤버가 동일한 발견을 한 적이 있었다. 그것도 모임 중이 아닌 다음 모임을 기다리던 중이었다. 그것은 릴레이 경주 같았다. 한 사람이 바통을 쥐고 뛰어 다음 사람에게 건넨다. 당신 혼자서도 할 수 있지만 팀이 함께하면 훨씬 빠르고, 즐겁게 잘할 수 있다.

마스터마인드 그룹에서 내가 좋아하는 또 한 가지는 지지와 교육이다. 당신은 다른 멤버의 성공과 성취를 축하하고 거기서 배우며 영감을 얻는다. 활동과 새로운 아이디어를 내고 시장 조사를 한 후 서로 책임을 질 수 있다. 당신의 그룹에서 어떤 사람이 특정한 전략을 세운 다음 이러저러한 효과가 있을 것이라는 정보를 취했는데 그런 효과가 없을 때, 당신은 그의 연구와 경험을 통해 이득을 얻을 수 있다.

마스터마인드 그룹은 강력하고 도움을 주는 만큼 해도 끼칠 수 있다는 사실을 알아야 한다.

당신 주위의 사람들이 당신의 현실을 만들어 가는 데 도움을 준다는 사실을 기억하라. 당신의 그룹이 문제와 불평을 좋아하거나 서로 동정하는 사람들로 이루어져 있다면 그룹의 에너지가 당신에게 힘을 주는 대신 당신을 소진시킬 것이다.

　　그룹의 정신적 시너지 효과를 효율적으로 높이려면, 창의적이고 열린 마음을 갖고 있으며 긍정적이고 직관력이 있으며 격려하고 의견을 표현하며 목표 달성에 헌신적인 사람들로 멤버들을 선택하라. 당신이 진심으로 신뢰하고 존중하고 성공하길 원하는 사람들을 포함시켜라. 이런 사람들을 당신은 최선을 다해 도울 수 있고, 그들도 당신을 최선을 다해 도울 수 있기 때문이다.

성공적인 마스터마인드 그룹의 일곱 가지 비결
- 앤디 퓨얼 Andy Fuehl[13]

왜 마스터마인드 그룹을 결성하는가? 비즈니스에서 크게 성공하기를 진심으로 원한다면 마스터마인드 그룹을 결성해야 한다. 당신은 진지할 것이다. 그렇지 않다면 이 훌륭한 책을 읽지 않을 테니까. 나는 마스터마인드 그룹으로 백수에서 탈출해 3년 만에 백만장자가 되었다. 당신도 그렇게 할 수 있다.

오랜 세대에 걸쳐 위대한 성취가들은 모두 마스터마인드 그룹의 일원이었다. 토머스 에디슨과 헨리 포드, 찰스 슈왑*Charles Schwab* 같은 사람들 말이다. 에디슨과 포드는 모두 교육을 거의 받

---

13 세계적인 금융 트레이너이자 비즈니스 심리학자이다. 베스트셀러인 『Wealth Without a Job: The Entrepreneur's Guide to Freedom』과 『Security beyond the 9 to 5 Lifestyle』, 『Profiting in Turbulent Times Revealed: Hidden Strategies of a Real Estate Tycoon: The Inner Thinking of Dolf de Roos』의 저자이다. 그는 현재 가르치는 기법을 사용해 백수에서 3년 만에 백만장자가 되었다.

지 못했다. 그러나 마스터마인드 그룹을 활용했기 때문에 사업에서 크게 성공했다.

새롭고 더 나은 아이디어가, 나폴레온 힐이 '세 번째 마음'이라 지칭한 마스터마인드 그룹에서 나온다. 세 번째 마음은 하나의 공통 목적에 둘 이상의 사람이 다 함께 집중할 때 생성된다.

나는 여러 개의 마스터마인드 그룹을 결성했다. 그룹 멤버는 두 명에서 12명 사이였고, 투자나 사업 성장, 마케팅, 책 집필까지 다양한 분야에 집중했다. 각각의 그룹이 구체적인 중심을 가졌다. 성공적인 마스터마인드 그룹을 만들고 운영하는 일곱 가지 비결을 나누겠다.

첫째, 다양한 시각과 배경을 가진 사람들과 한 팀을 이뤄야 한다.

당신의 마스터마인드 그룹 멤버들은 다른 업종 또는 다른 전문 분야 출신이어야 한다. 당신이 다른 시각을 가진 사람들을 원할 테니 말이다. 다른 관점에서 나온 여러 아이디어가 쌓이고 나뉘고 정리될 때 일반적으로 더 나은 아이디어가 형성된다.

내가 얻은 가장 좋은 아이디어들은 마스터마인드 그룹에서 나왔다. 내가 출판한 두 권의 책 『직장 없이 모은 부*Wealth Without a Job*』와 『격동의 시기에 수익 얻기*Profiting in Turbulent Times*』도 마스터마인드 그룹을 활용해 집필했다. 강력한 개념들이 마스터마인드 그룹에서 나오는 세 번째 마음을 활용해서 생산되었다.

둘째, 그룹을 안내할 리더를 선정한다.

다섯 명 이상의 그룹에 리더를 선정하라. 리더는 팀을 안내하고 나아가게 하며, 아이디어 회의를 하는 동안 모든 사람이 열린 마음을 유지하게 돕는다. 이것은 팀이 성공하기 위해 절대적으로 중요하다.

셋째, 공동의 목표를 개발한다.

공동의 목표를 개발한다. 하나의 팀은 얻고자 하는 결과 또는 목표가 분명할 때 효율적이 된다. 대부분의 마스터마인드 그룹은 비전과 공동 목표가 없을 때 실패한다.

넷째, 일정표를 만든다.

일정표는 매우 중요하고, 마스터마인드 그룹이 회의 중 집중하게 만든다.

다섯째, 열린 마음을 유지한다.

마스터마인드 그룹의 모든 멤버는 열린 마음을 가져야 한다. 아이디어가 제시되면 편집하지 말고 그대로 받아 적어라. 모든 아이디어가 제시된 다음에 하나씩 검토하라. 모든 아이디어를 다

검토하면서 더 좋은 아이디어로 만들어라. 가장 효율적인 아이디어를 찾아 행동을 취하라.

여섯째, 시간을 헌신하고 정기 모임을 갖는다.

효율적인 마스터마인드 그룹은 매주, 매달 또는 두 달에 한 번 모인다. 지속적이고 정기적인 모임이 중요하다. 최소한 한 달에 한 번은 모이는 것이 좋다. 그렇지 않으면 가속도와 열정이 사라진다.

일곱째, 즐긴다.

즐겨라. 이것이 가장 중요한 요소이다. 마스터마인드 그룹 멤버들이 즐거워하면 아이디어의 질이 향상된다.

성공하는 마스터마인드 그룹의 일곱 가지 비결을 기억하고, 지금 당장 실천하라. 목표를 달성하기 위해서는 행동이 요구된다. 그러므로 일어나 큰 목표를 제시하고 행동을 취하라.

당신의 성공을 위하여!

마스터마인드 그룹과 함께
아이디어를 배가하라
- 캐시 스터커 Cathy Stucker [14]

나는 아이디어 레이디로 알려졌기 때문에 사람들이 종종 멋진 아이디어를 내놓는 비결을 묻는다. 그것은 간단하다. 많은 것을 머리에 받아들일수록 더 좋은 것을 내놓을 수 있다.

그러므로 다른 사람들과 정보를 공유하며 함께 아이디어를 창조하면서 많은 것을 받아들이면 어떨까? 둘이 함께하면 두 배의 효과를 얻을 것이라고 생각한다. 사실은 시너지 효과가 있어서 함께 창출하는 아이디어의 수와 질은 단순한 덧셈을 초월한다. 이때는 하나 더하기 하나가 둘 이상이 된다.

---

14 작가와 전문가, 사업가들이 고객을 끌고, 창의적인 전략으로 유명해져 마케팅을 쉽고 저렴하며 즐겁게 하도록 돕는다. www.idealady.com에서 그녀가 광고와 온라인 및 오프라인 마케팅으로 당신의 사업을 성장하게 돕는 법을 배워라. 이메일을 남겨 무료로 마케팅 팁과 자료들을 받아라.

당신이 서로의 성공을 위해 집중하는 여러 사람과 함께할 때 무슨 일이 벌어질지 상상해 보라. 당신의 지식과 경험, 창의성이 6, 8, 12, 그 이상으로 기하급수적으로 증가하는 것을 상상해 보라. 그러면 당신은 무엇을 성취할 수 있겠는가?

마스터마인드 그룹의 힘은 정보와 아이디어의 단순한 교환을 넘어선다. 그룹에서 창출되는 시너지 효과는 멤버들 모두 혼자일 때보다 함께일 때 훨씬 더 성장하도록 돕는다.

당신이 무엇을 생각할 때 그것이 당신에게 온다는 것을 알아챈 적이 있는가? 당신이 만들어 내는 에너지가 당신이 갈망하는 것을 끌어당긴다. 각 멤버의 성공을 이루는 것에 모든 멤버가 집중하면 그 그룹의 에너지가 대규모의 성공을 만들어 낼 수 있다.

마스터마인드 그룹의 정확한 형태, 모이는 횟수, 회의 일정 등 세부 사항도 중요하지만 가장 중요한 측면은 당신이 행동에 옮기는 것이다. 마스터마인드 그룹을 시작하고, 적극적으로 참여하라. 마스터마인드 그룹의 효율성을 극대화하는 몇 가지 방법이 있다.

· 당신과 다른 배경과 경험을 가진 사람들을 선택하라. 당신이 초대하는 사람들의 관점이 다양할수록 서로에게 더 많은 도움을 줄 수 있다. 다른 분야와 교육 배경을 가졌지만 행동을 취하는 데는 헌신적인 사람들을 찾아라.

· 쉽게 대화를 나눌 수 있는 편안한 장소에서 만나라. 소리를

질러야만 대화가 가능한 시끄러운 식당에서는 창의력을 발휘하기가 힘들다. 전화 회의를 한다면 각 멤버에게 쾌적하게 통화할 수 있는 장소를 찾으라고 권하라. 헤드폰을 사용하면 오랜 시간 전화기를 드는 데서 오는 스트레스와 불편함을 줄일 수 있다.

· 아이디어가 자유롭게 흐를 수 있는 환경을 만들어라. 멤버들이 편견 없이 의견을 나누도록 격려하라. 많은 연구에 따르면 모차르트의 음악을 들으면 사고와 추론 능력이 향상된다고 한다. 마스터마인드 그룹 모임을 할 때 모차르트의 소나타를 배경 음악으로 틀어 놓아도 방해가 되지 않을 것이다!

· 멤버들이 가장 생산성을 발휘하는 시간으로 모임 시간을 정하라. 어떤 사람들은 아침에 컨디션이 가장 좋고 또 어떤 사람들은 오후까지 컨디션을 되찾지 못하고 밤이 되어야 일을 잘하는 사람들이 있다. 당신의 그룹에 아침형 사람과 저녁형 사람이 섞여 있다면 모든 사람이 최상의 컨디션을 가질 수 있도록 다양한 시간대에 만나라.

· 당신이 마스터마인드 그룹에 원하는 것과 기꺼이 줄 수 있는 것이 무엇인지 알아라. 당신은 특정한 분야에서 조언과 지지를 얻고 싶을 것이다. 주는 것 역시 최소한 받는 것만큼 중요하다는 사실을 기억하라. 당신의 마스터마인드 그룹의 멤버들이 그들의 목표에 도달하도록 도울 기회를 찾아라.

· 모든 사람이 참여할 수 있는 모임 방식을 선택하라. 모임마다

한 멤버에게 집중하든 아니면 매번 각 멤버에게 동등한 시간을 부여하든, 모든 멤버가 동일하게 주고받는 기회를 갖도록 하라.

• 아이디어를 효과적으로 포착할 수 있는 방법을 찾아라. 어떤 그룹은 한 사람을 정해 회의 중 나온 아이디어를 기록한 다음 모든 멤버에게 나눠 주도록 한다. 아이디어를 기록하면 회의 진행이 천천히 이루어진다. 나는 회의 내용을 기록하고 녹음하는 것을 좋아한다. (물론 멤버들이 녹음 내용을 그룹 밖의 사람들에게 공개하지 않겠다는 것에 동의해야 한다.) 그러면 회의 중에 정확히 무슨 일이 일어났는지 그대로 기록하게 된다. 회의 기록을 들으면 처음에는 놓쳤던 아이디어를 재발견할 수 있다. 당신이 처음에는 아이디어를 다 들을 준비가 안 되었을 수도 있다.

• 멤버들이 그들을 가르치고 동기를 부여하며 흥분시키고 깨우치게 하는 것, 즉 좋아하는 두뇌 자극 음식이 무엇인지 나누도록 격려한다. 그것들은 책이나 음악, 영화, 기사, 인용문, 단체, 웹사이트, 소프트웨어 프로그램, 강의, 게임, 또는 정신을 자극하는 무엇이든 될 수 있다.

우리는 서로의 성공을 위해 다른 사람들과 힘을 합쳐 함께 일하면 더 많이 성취할 수 있다. 두뇌의 힘을 나누면 더 많은 아이디어가 생성되고, 마스터마인드 그룹의 지원과 격려가 아이디어를 실행하고 목표를 성취하도록 도울 것이다.

만나라 그러면 부자가 되리라

인생을 성공 스토리로 바꾸기
- 톰 빌(Tom Beal, www.TomBeal.com)[15]

당신은 현재 위치에서 당신이 꿈꾸던 삶을 살 수 있는 가장 쉬운 방법, 즉 마스터마인드 그룹의 힘을 알게 될 것이다. 먼저, 당신이 들어봤을 두 가지 인용문을 간단히 분석해 보자.

〈인용문 1〉

"성공이란 당신의 인격으로 끌어당기는 것이다. 열심히 일하면 생계를 유지할 것이다. 스스로 열심히 하면 부를 얻을 것이다."

- 짐 론(Jim Rohn, 베스트셀러 저자이자 동기부여가)

---

15 서른세 살의 전 미국 해병대이자 대학 중퇴자로 수많은 베스트셀러 저자와 백만장자 마케터, 프로 운동선수들과 마스터마인드 그룹을 하면서 다른 사람들 또한 어떻게 그런 일을 할 수 있는지 가르치고 있다.

만일 당신이 가치 있는 것을 제공할 수 없다면 중요한 어떤 사람도 당신과 마스터마인드 그룹을 하며 협력하기를 원하지 않을 것이다. 당신이 답례로 중요한 가치를 제공하지 않는다면 중요한 누구도 당신을 코치로 고용하지 않을 것이다.

성공한 사람이 되라. 그러면 성공한 사람들이 당신에게 달려올 것이다. 어떻게 하면 성공한 사람이 될 수 있을까? 인생에 대해 진지한 학생이 되기로 선택하라.

1. 당신이 얻고자 하는 것을 달성한 사람의 코칭 고객이 되어라.

2. 당신의 열정과 목표와 관련된 책들을 읽어라.

3. 전문가들이 하는 생방송 세미나에 참석하라.

4. 온라인 인터뷰와 강의를 들어라.

5. 세계적인 비즈니스 네트워크의 지역 협회를 활용하라.

6. 도서관 카드를 만들고, 개인 및 비즈니스 개발 관련 오디오 자료들을 대출해서 듣고 기록하라!

그것들을 통해 배운 팁과 기술, 전략들을 실행하라!

〈인용문 2〉

"당신의 수입은 당신과 친한 친구 다섯 명의 수입의 평균이다."

- 짐 론

만나라 그러면 부자가 되리라

이 인용문은 더 설명할 필요도 없다!

한 가지 간단한 질문을 해 보겠다. 당신은 더 많은 부를 원하는가?

물론 그럴 것이다. 아니라면 이 책을 읽지 않을 테니까.

여기 간단한 답이 있다. 더 부유한 친구들을 사귀라!

왜 그런가?

기적과 엄청난 결과를 만들어 내는 사람들과 만나고 그것을 목격하면 당신은 기적과 엄청난 결과를 믿게 될 뿐만 아니라 당신 자신이 그러한 일을 기대하고 만들어 내기 시작하기 때문이다.

가능한 일에 대한 당신의 믿음 수준이 새로운 단계에 도달한다.

이것이 연합의 법칙이다! 그리고 마스터마인드 그룹의 힘이다!

이것을 흡수를 통한 성공이라 부른다.

어떻게 가능할까?

부유한 친구들을 얻는 법은 두꺼운 책 한 권에 담을 수 있다. 또는 단 세 단어로 답할 수도 있다. 즉, 세미나에 직접 참석하라.

나의 삶은 세미나에 참석함으로써 모든 영역에서, 특히 재정적인 영역에서 완전히 바뀌었다. 처음 세미나에 참석하기로 결심할 때 은행에 많은 돈이 있어야 할 필요는 없다. 단지 그곳에 가겠다고 선택하기만 하면 된다. 당신의 미래가 그것에 달려 있다!

사실 나는 같은 세미나에 가는 사람들의 도움을 여러 번 받았다. 때로는 식비나 숙박료가 없어 차에서 잠을 자면서 어떻게 해서든 세미나에 참석했다.

한번은 나의 은행 잔고와 호주머니까지 다 털어 매우 비싼 세미나에 갔다. 그 세미나에서 한 친구와 함께 벤처 사업을 시작했고, 내 삶이 완전히 바뀌었다.

나는 큰 위험을 감수하고서 매우 가치 있는 세미나에 갔기 때문에(1단계를 보라) 기적을 기대했고 기적이 나타났다.

어떻게 하면 많은 사람 가운데서 눈에 띌 수 있을까?

토니 로빈스*Tony Robbins*와 조 비테일 박사와 나 역시 나폴레온 힐의 과거 성공 전략을 따라 한다. 나의 최신 웹사이트(www.mlm-experts.com)를 살펴보고 그 전략이 어떤 것인지 추측해 보라.

그 전략에 대해 어떻게 생각하는지, 그리고 더욱 중요한 것으로, 당신의 삶과 성공에 지금 당장 어떻게 적용할 수 있는지 나에게 알려 달라!

오늘을 최고의 날로 만들어라. 그리고 신의 축복이 있기를!

브레인스토밍,
이익을 얻기 위한 두뇌 게임
- 크레이그 해리슨[16]

우리 마스터마인드 그룹은 활발한 브레인스토밍 시간에 창의력을 격려하고 편견을 배제한다. 그러면 10분 정도 지나 최고의 아이디어가 나온다. 탄력이 붙으면 아이디어가 더 빠르고 왕성하게 나온다.

에너지가 충만하고 영감을 받은 한 직원이 제안했다. "상품 주문을 역순으로 하는 것은 어때요?" 아홉 명의 사람들이 이 제안에 열정적으로 찬성했지만 매니저가 못마땅하게 말했다. "그건 절대로 성공하지 못해!"

이렇게 해서 생산적인 브레인스토밍 시간이 끝났다. 불행히도 매니저는 게임의 개념을 분명히 이해하지 못했고, 브레인스토밍

---

16 전문 연설가인 크레이그 해리슨은 말을 통해 판매 및 서비스 해결책을 제공하기 위해서 '탁월한 표현(Expressions of Excellence)'을 설립했다. www.ExpressionsOfExcellence.com에 방문하면 기본방침이나 훈련, 코칭, 커리큘럼 등에 대한 정보를 얻을 수 있다.

의 전 과정을 망쳤다.

브레인스토밍은 그것만의 기본 원칙과 박자, 정신을 가진 특별한 유형의 회의이다. 또한 아이디어를 산출하고 문제를 해결하며 혁신과 팀 구축, 창의력을 위한 매우 유용한 도구이다. 새로운 판매 경쟁이나 새로운 전략을 세우려 하든 단순히 일상의 침체에서 벗어나려 하든 브레인스토밍은 성공을 가져다준다.

당연히 브레인스토밍은 전형적인 회의와는 다르다. 미리 정한 주제에 대해 지명된 사람들이 정해진 시간 안에 말하는 전형적인 규칙이 적용되지 않는다. 재즈 음악가들의 즉흥 연주처럼 당신이 해야 할 일은 녹음을 시작하고 게임을 시작하는 것이다. 전부 녹음하는 것이 중요하다는 점을 기억하라. 나중에 다시 들으면서 불협화음은 잘라내면 된다.

브레인스토밍 시간에는 모든 사람이 동등하고, 말하는 사람의 지위나 신분에 상관없이 모든 아이디어가 편견 없이 고려 대상이 된다. 목표는 공기를 아이디어로 채우는 것이며, 관습적 사고에서 벗어나 전략적 다양함과 아이디어, 영감, 온갖 종류의 직관을 허용하는 것이다. 온갖 것을 한꺼번에 다 넣어 흥미롭고 독창적이며 획기적인 새로운 것을 끓어 내는 거대한 용광로를 생각하면 된다. 이때 최선의 결과를 얻기 위해서는 숙련된 조력자가 있으면 좋다.

B 목록: 모임을 위해 준비해야 할 것

브레인스토밍만 하든 아니면 전체 회의 중 일부로 브레인스토밍을 잠시 하든 다음의 권고 사항이 성공적인 브레인스토밍 시간을 갖는 데 도움이 될 것이다.

- 환경을 예술품이나 장난감, 게임, 크레파스, 마카 등으로 재미있고 즐겁게 자유로운 사고를 자극할 수 있는 것들로 장식하라.
- 분위기와 기대, 목표를 정해 특별한 초대장을 보내라.
- 모든 사람이 긴장을 풀도록 정신적, 육체적으로 어색함을 풀어 줘라.
- 모든 사람이 긴장을 풀도록 장식용 전기 램프, 폭신한 쿠션, 풍선껌, 거품 제조기를 준비해도 좋다.
- 모든 사람이 참여하도록 격려하라.
- 언어가 중요하다. "만일 우리가…?" "…하면 어떨까요?" "…해 봅시다." "…한다고 가정해 보면 어떨까요?"라는 문장을 사용하라.
- 당신의 회의적이고 부정적인 면과 자아를 점검해 보라. 누구의 아이디어를 채택할 것인가의 문제가 아니다. 그룹의 이익을 위해 모든 사람의 아이디어를 수용해야 한다.

· 다른 사람들의 아이디어에 대해 "네, 그렇지만…"보다 "네, 그리고…"라는 말로 반응하라.

· 브레인스토밍 중에는 판단을 중단해야 함을 사람들에게 상기시켜라.

· 기록하거나 녹음할 사람을 정해 두라.

· 사람들이 긴장을 풀 시간을 충분히 가져라. 종종 가장 좋은 아이디어는 사람들이 자의식을 잊고 탄력을 얻었을 때 나온다.

· 즐겨라!

브레인스토밍 시간은 다양한 지적 능력이 적용되는 것에 좌우되고, 그 결과는 멤버들의 수의 종합보다 훨씬 크다는 사실을 기억하라. 시간제한과 구조, 규칙에서 벗어나 모든 사람이 동등한 입장에서 자연스럽게 표출하는 재능과 경험, 아이디어, 관점이 융합될 때 멋진 결과가 나온다.

어쨌든 만일 우리가 … 한다면 어떻게 될까?

음악가들을 위한
마스터마인드 그룹 - 빌 히블러

도입부에서 소개했듯 나는 20년 넘게 음악 산업에 종사했고, 나의 첫 마스터마인드 그룹은 음악 비즈니스 그룹이었다.

밴드에 소속되어 있다면 당신은 마스터마인드 그룹에 있는 것이지만 나는 당신이 이것을 다른 식으로 보기를 원한다. 당신의 마스터마인드 그룹에 당신과 같은 밴드의 멤버가 있어도 문제가 되지 않지만, 밴드 밖의 사람들과 마스터마인드 그룹을 결성하기를 더 추천한다.

그러면 먼저, 당신은 밴드에 문제가 생겼을 때도 마스터마인드 그룹에서 자유롭게 말할 수 있을 것이다. 두 번째로 밴드 밖의 사람들과 함께함으로써 당신은 더 많은 이익을 얻을 것이다. 당신은 이미 밴드 멤버들과 만나 정기적인 밴드 모임 안에서 마스터마인드 그룹을 할 수 있다. 더욱이 당신은 밴드 사람들과 이미 많은 시간을 보낼 것이다. 그들과 떨어져 지내는 시간을 어느 정도 갖는 것이 좋다.

당신이 밴드에 속해 있다면 비슷한 음악 그룹의 리더들과 마스터마인드 그룹을 결성하는 것이 이상적이다. 이것이 반드시 필수적이지는 않지만, 멤버들이 각기 컨트리 음악, 재즈, 블루스, 록, 랩을 하는 경우보다 비슷하거나 같은 장르의 음악을 하면 당신에게 공연이나 홍보와 관련해 많은 기회를 열어 줄 수 있다.

다른 밴드의 리더들과 함께하기를 권하는 또 다른 이유는 그들 또한 자신들의 밴드와 관련해 자유롭게 결정을 내릴 수 있을 것이기 때문이다. 최소한 그들은 강력한 영향력을 가진다. 당신이 그들과 함께 어떤 공연이나 프로젝트, 리허설을 하기로 고려할 때 이 점은 매우 중요하다.

당신이 혼자 활동하는 예술가나 작곡가라 해도 동일하다. 가능하다면 당신과 같은 장르에서 일하는 사람들과 마스터마인드 그룹을 만들어라.

브레인스토밍의 혜택에 더해, 이 책 전반을 통해 음악 비즈니스 그룹이 열어 줄 수 있는 많은 기회에 대해서도 언급했다.

그중 하나가 여러 자원을 공유할 수 있다는 점이다. 리허설 무대나 음반 가게, 녹음실을 더 나은 조건으로 빌릴 수 있다. 또한 리허설 장소를 얻을 때 다른 멤버들도 함께 구할 수 있다.

공연을 함께 계획할 수 있다. 특정한 공간을 예약하기가 얼마나 어려운지 알 것이다. 당신의 공연에 20~30명의 지지자들이 있다는 것에 클럽 소유자들은 별로 신경 쓰지 않는다.

반면에 비슷한 규모의 밴드 네다섯 개 또는 여섯 개가 함께한다면 하나의 패키지로 홍보할 수 있다. 더 많은 관객도 보장된다.

물론 클럽 주인들은 하룻저녁에 대여섯 밴드를 예약하면 인기 있는 그룹과 그렇지 못한 밴드가 있을 것이라고 지적할 것이다. 그러면 당신은 당신의 경우는 다르다고 말할 수 있다. 일반적인 방식이라면 어떤 밴드는 전단을 뿌리고 또 어떤 밴드는 아는 모든 사람을 동원하지만 아무것도 하지 않는 밴드도 있어 결과가 썩 좋지 않을 것이다.

당신은 다를 것이라는 몇 가지 이유가 있다. 당신은 오직 이와 같은 이벤트 목적으로 여러 그룹 또는 예술가들과 임시 마스터마인드 그룹을 만들 수 있다.

흔히 하는 값싼 전단 대신에 여럿이 돈을 모으면 괜찮은 포스터를 제작할 수 있다. 그리고 네다섯 명만 참여하는 대신 20~30명의 밴드 멤버와 친구, 가족, 공연 매니저 등을 동원할 수 있다.

또한 멋지게 제작한 홍보 엽서를 그룹 멤버들의 메일 목록으로 보낼 수 있다. 저녁 시간대 라디오 30초 광고를 할 수도 있다. 이때 광고는 상대적으로 저렴하고, 당신이 하는 장르의 음악팬이 주 타깃이 될 수 있어 효과도 좋다. 라디오 광고비는 한 밴드가 부담하기에는 어려울 수 있지만 마스터마인드 그룹을 통해 돈을 모으면 감당할 수 있다.

마스터마인드 그룹의 힘과 창의력을 더하면 또 다른 날 클럽에서 공연을 또 하는 것보다 그날 공연이 하나의 특별 이벤트가 된다.

내 친구 로저 아이고는 휴스턴에서 매니저와 펑크 밴드에서 연주를 했다. 다른 두 개의 펑크 밴드와 함께 '텍사스 펑크 신디케이트*The Texas Funk Syndicate*'라는 연속 공연을 했다. '롤라팔루자*Lollapalooza*'나 '릴리스 페어*Lilith Fair*' 같은 음악 축제의 지역 버전이었다.

당신도 이렇게 할 수 있다. 이렇게 하면 지역 미디어에 언급될 가능성도 훨씬 커지고, 인기도 얻을 수 있다.

이점은 여기서 그치지 않는다. 마스터마인드 그룹의 힘을 활용해 당신의 공연을 더욱 전문적이고 조직적이며 재미있게 만들 수 있다.

어떻게 가능할까? 좋은 질문이다.

우선, 공연을 할 때 당신은 트레일러나 밴, 트럭을 빌려야 하는가? 그 대신에 모두가 한 트럭을 타고 가면 어떻겠는가. 아니면 당신의 마스터마인드 그룹에 트럭을 가진 사람이 있을 수도 있다. 또는 밴드마다 밴을 소유하고 있다면 공연 때 차량 이용비를 절약할 수 있다.

이 문제와 관련해 장비를 공유할 수도 있다. 몇몇 드러머는 불편해할 수도 있지만 공유할 수 있는 부분이 더욱 많다. 가지고 다녀야 할 장비가 줄 뿐만 아니라 무대 세팅을 훨씬 빠르게 할 수 있다.

당신의 밴드에 스태프가 있는가? 어쩌면 도움을 주는 사람이 한 명 정도 있을 수 있다. 마스터마인드 그룹을 통하면 그들을 모아서 조명과 음향 설치를 잘하는 좋은 스태프를 꾸릴 수 있다.

만약에 공연 매니저가 없다면 서로 돕는 것을 한번 생각해 보라. 당신이 기타리스트라면 다른 밴드의 공연 전후 기타를 손봐주는 것도 나쁘지 않다. 그러면 당신이 공연할 때 그들도 도와줄 것이다.

또한 각각의 밴드가 자신의 음반이나 상품을 따로따로 파는 대신 대형 콘서트장에서처럼 모든 그룹의 상품을 큰 탁자 위에 놓고 함께 팔 수 있다.

당신이 연주를 하는 동안 누군가 카운터를 보고 있다면 좋을 것이다. 그러나 공연 내내 카운터를 지킬 사람을 두기란 어렵다. 그러나 여러 그룹이 함께한다면 한두 사람이 카운터를 지키기가 훨씬 쉬울 것이다.

특별히 임시적 마스터마인드 그룹을 근처 도시의 밴드 멤버들과 결성하면, 각 도시에서 공연을 예약하기에 좋다. 해당 도시 출신의 밴드가 그 도시에서 공연할 때 주 공연자가 된다. 이웃 도시에서 공연할 때 팬들을 한 차량으로 데려갈 수 있고, 당신의 공연장이 썰렁하지도 않을 것이다.

이것은 당신의 팬층을 넓히고 공연 지역을 확장하는 좋은 방법이다. 또한 관련된 모든 밴드가 함께 이익을 얻는 윈윈 전략이다. 발품을 많이 들일수록 많은 자원을 결합하여 많은 공연을 한 포스터에 넣을 수 있다.

이 모든 것을 어떻게 조직하느냐는 당신의 마스터마인드 그룹에 달려 있다. 마스터마인드 그룹을 결성하면 먼저 그룹 멤버들의 기술과 장비, 가용 자원 목록을 작성하라.

한 멤버가 베이스 연주자이면서 그래픽디자이너라고 해 보자. 또는 싱어의 남자친구가 인쇄 회사에서 일한다고 할 수도 있다. 그렇다면 그 그룹이 포스터 디자인을 맡게 하면 된다.

또 다른 멤버는 멋진 음향 시스템과 조명, 대형 트럭을 소유하고 있을 수 있다. 그러면 그의 그룹은 무대 관리와 연출, 수송을 맡으면 된다.

모든 일이 균등하게 나뉘지는 않겠지만 여기서 일반적인 개념을 도출할 수 있는가? 모든 것은 각 그룹의 인간적이든 물질적이든 자원의 목록을 적는 것에서 시작한다.

만일 당신이 혼자 활동하는 예술가라도 이 점은 여전히 유효하다. 만일 당신이 보통 단독으로 공연한다면 대여섯 명의 다른 연주자들과 함께 활동해 보라. 만일 밴드가 필요한 싱어라면 싱어들의 그룹을 만들어라. 반주자들을 고용하여 싱어들이 돌아가면서 또는 여럿이 함께 노래를 부르는 것이다.

나는 주로 라이브 이벤트에 중점을 두었지만 음악가 마스터마인드 그룹에는 이보다 훨씬 더 많은 혜택이 있다. 그룹별로 비슷한 스타일의 음악을 각기 두세 곡씩 넣어 음반을 만들 수도 있다.

또는 단순한 것이 될 수도 있다. 당신에게 새로운 베이스 연주자가 필요하다고 해 보자. 이때 당신이 개인적으로 아는 사람들 가운데서 연주자를 찾는 대신에 마스터마인드 그룹에 도움을 청하면 훨씬 더 많은 사람이 당신을 돕기 위해 찾아올 것이다.

어느 클럽의 대가 지불 조건이나 밴드를 속이는 에이전트는 누구인지, 장비 관련해 어디가 좋은지, 어디 기자들이 지역 예술가들에게 우호적인지 등의 정보를 다른 멤버들과 공유하며 비교할 수 있다.

너무 많은 음악가가 다른 밴드와 경쟁하며 협력하지 않는다. 이것은 큰 실수이다. 밴드들이 협력하면 음악계는 더욱 강해진다. 이런 일이 1990년대 초 시애틀의 그런지 밴드 사이에서, 80년대 LA의 헤어 밴드와 미니아폴리스의 펑크 밴드, 여러 멋진 음악가들 사이에서 일어났다.

지금 음악가 마스터마인드 그룹을 결성하라. 그 결과에 놀랄 것이다.

인터넷 마케터들을 위한
마스터마인드 그룹 - 빌 히블러

인터넷 마케팅은 현재 내가 속한 마스터마인드 그룹인 윔벌리 그룹의 주요 주제이다.

마스터마인드 그룹은 누구에게든 유익이 되지만 온라인 분야로 돈을 버는 사람들에게 특히 더 유익을 준다. 인터넷 마케터는 보통 재택으로 일한다. 이 말은 고립되기 쉽다는 뜻이다. 우리의 고객과 동료는 전 세계에 퍼져 있지만 그들을 직접 만나는 일은 매우 드물다. 일반적으로 우리가 대면하는 유일한 시간은 세미나에 참석할 때이다.

그러므로 다른 모든 유익에 더해, 마스터마인드 그룹 모임은 인터넷 마케터들에게 사교적 무대를 제공한다. 이 외에도 인터넷 마케팅 마스터마인드 그룹에는 수많은 장점이 있다.

우리 그룹에서는 멤버들이 상품을 함께 만들고(이 책을 포함해), 서로의 세미나에서 강연하고, 메일 주소록을 통해 서로의 상품을 홍보해 준다.

공동투자 외에도 우리는 다음과 같은 수많은 자원을 공유한다.

· 웹 디자이너

· 그래픽 디자이너

· 웹사이트 자동화 서비스

· 가상 지원

· 상품 주문 회사

· 맞춤 인쇄 출판사

· 온라인 세미나와 웹 컨퍼런스 서비스

· 온라인 오디오와 비디오 소프트웨어 및 서비스

· 프로그래머

· 자동 응답 서비스

· 공동 등록 서비스

이 밖에도 목록은 계속 늘어난다. 멤버들은 홈페이지를 위해 값싼 서버를 이용하는 대신 전용 서버를 같이 이용할 수 있다. 혼자서 매달 일정 금액을 지불하고 한 서버를 이용하는 대신 같은 비용으로 대여섯 명이 더 빠른 최첨단 웹 서버를 이용하면서 수많은 웹사이트도 함께 사용할 수 있다. 그러면 고객들은 당신의 홈페이지에 더 빠르게 접속하고 다운로드할 수 있다.

당신은 또한 공동투자 파트너, 제휴 소프트웨어, 이북 소프트웨어, 인터넷 마케팅 강의 등 다른 소프트웨어도 비교할 수 있다.

우리의 마스터마인드 그룹에서는 상품과 서비스 아이디어에 대해 피드백을 주고, 책 제목에 대해 브레인스토밍을 하며, 서로의 상품 안내 편지와 이메일까지 검토해 준다.

이 책을 쓸 당시 윔벌리 그룹은 거의 2년간 운영되고 있었다. 그동안 나의 연간 판매는 270퍼센트 이상 증가했다! 이것이 전적으로 마스터마인드 그룹 때문만은 아니라고 해도 나는 마스터마인드 그룹을 통해 공동투자를 하고 공동 저자가 된 것이 그렇게 성장한 가장 중요한 요인이었다고 말할 수 있다.

나는 당신이 처음에 멤버들의 기능과 자원 목록을 작성하기를 제안한다. 멤버 중에 기술 분야 전문가가 있는가? 뛰어난 그래픽 기술을 가진 멤버가 있는가? 뛰어난 작가가 있는가? 목록을 만들어 두라. 단지 멤버들의 기술만 작성하지 말고, 믿을 만한 서비스 제공자를 찾아냈다면 그 사람도 목록에 넣어라.

자원 분야에서 당신은 어떤 신용카드 회사와 쇼핑카트 시스템, 호스팅 회사 등을 이용하는지 비교하기를 원할 것이다. 이렇게 하면 당신 개인의 자원 목록을 그룹의 온라인 비즈니스에 필요한 모든 자원 목록으로 확장하게 된다.

당신이 해야 할 다음 일은 모든 멤버가 자신들의 현재 홈페이지와 상품 및 서비스 목록, 현재의 연락처를 포함해 온라인 비즈니스에 대해 간단히 소개서를 쓰게 하는 것이다. 그룹 모임을 대면으로 하게 되면 멤버 수에 맞게 그 소개서를 인쇄하라. 온라인이나 전화 모임을 한다면 이메일이나 팩스로 전송하라.

일단 시작하면 할 일은 무궁무진하다. 멤버들의 상품을 당신의 메일 주소록을 통해 홍보하고, 이북을 공동저술하며, 소프트웨어 상품을 개발하고, 오디오 상품이나 온라인 세미나를 위해 서로 인터뷰하며 다 같이 라이브 세미나를 열 수도 있다. 가능성은 무한하다.

당신이 공동투자자를 찾느라 애를 썼지만 단지 한두 명밖에 찾지 못했다고 해 보자. 마스터마인드 그룹은 그룹 멤버가 대여섯 명의 새 파트너를 구해 줄 수 있다. 각 멤버가 단 두세 명씩만 데려온다고 해도, 당신은 20명 이상의 파트너들을 구할 수 있다.

인터넷 마케팅을 한다면 온라인이든 전화 회의든 직접 대면이든 지금 바로 마스터마인드 그룹을 결성하기를 강력히 권한다.

그리스도인들을 위한 마스터마인드 그룹

– 엘레나 히블러 Elena Hibbler

역사적으로 기록된 최초의 마스터마인드 그룹은 예수와 그의 제자들이었다는 말을 어디선가 들었다. 그들은 함께 세상을 바꿀 정도로 매우 놀라운 힘을 발휘했다! 하나님의 이름으로 두세 사람이 모인 곳에 그분이 함께하시겠다고 그분이 성경에서 직접 말씀하셨다는 사실은 매우 흥미롭다. 이처럼 하나님 자신이 마스터마인드 그룹의 중요성을 언급하셨다.

그리스도인들은 오래전부터 그들의 기도 모임이나 가족 모임, 영적인 책임 그룹의 형태로 마스터마인드 그룹의 개념을(그렇게 부르지는 않았지만) 채택했다. 나의 가장 특별하고 강력한 친구들과의 우정은 매주 금요일 누군가의 집에서 모여 하나님의 말씀에 대한 생각과 깨달음을 나누고 함께 기도하며 서로 격려하고 지지하면서 형성되었다. 마음이 같은 사람들과 모이는 것에는 특별한 미덕이 있다. 친교나 예배 외에 다른 특정한 목표는 없지만 우리의 모임은 항상 풍성했다. 나의 성경 지식 대부분이 이 모임에서 나온다.

내가 참여한 마스터마인드 그룹 중에 가장 흥미진진하고 특별했던 그룹은 전통적인 교회 그룹이 아닌, '다락방 모임'이라는 온라인 그룹이었다. 1년 전쯤 나는 러시아어를 쓰는 전 세계 그리스도인들을 위한 특별한 프로젝트 광고를 발견했다. 몇 해 전 러시아 상트페테르부르크의 작은 교회를 맡은 페이블*Pavel* 목사는 자신의 가르침을 온라인을 통해 다른 신자들과 나누기로 결심했다. 그 프로젝트는 그의 교회에서 잘 받아들여졌고, 성장해서 매우 유명해졌다.

이 그룹에 참여하기 위한 전제조건은 없다. 필요한 것은 기꺼이 그룹의 일원이 되고, 자신에 대한 정보를 다른 멤버들과 나누고자 하는 마음이 전부이다. 15명이 가입하자 우리 그룹은 날아오를 준비가 되었다.

우리의 리더이자 상트페테르부르크의 목사님이 강의를 보내면, 우리는 보통 2주 이내에 회신을 써서 보낸다. 회신을 이메일로 보내면 그룹 전체와 나눈다. 다른 사람들의 견해에 대해 의견을 나누는 것도 환영한다. 리더가 하나의 주제에 대해 토론을 마무리하면서 폭넓게 논평을 하면 우리는 동기부여를 받고 그 주제에 대해 더 많이 조사하게 된다.

멤버들에게 요구되는 것은 진실성과 주제에 대한 의견이다. 토론하는 주제는 항상 매우 논란이 많이 되는 것이어서 모든 멤버가 할 말을 갖는다. 목표는 성경에 비추어 자기 자신을 보는 것이다. 초반에 나눈 편지들은 자신의 견해를 표현하는 것에 매우 조심스러웠지만 두 달 이내에 멤버들은 마음을 많이 열게 되었다. 모임이 계속되면서 규칙은 더욱 엄격해졌다. 반응을 시간에 맞춰 보내지 않는 멤버는 회신을 보낼 때까지 그룹의 멤버로서 얻는 혜택을 일시적으로 받지 못한다. 초반의 낯선 사람들과의 그룹이 진짜 마스터마인드 그룹이 되기까지 여섯에서 여덟 명의 멤버들이 남았다. 일반적인 편지 교환 외에 우리는 온라인 포럼에서 만나 긴급한 문제들을 토론하고 서로를 더 잘 알아갔다.

이 외에도 이 그룹에 참여함으로써 얻은 놀라운 이득과 장점 몇 가지를 나누겠다.

· 내게 가장 분명한 것은 고향 교회를 찾는 것이다. 온라인 교회에 대해 들어본 적이 있는가? 나는 2002년에 처음 미국에 온 이후 하나님과 동행하면서 마음이 맞는 사람들을 찾아왔다. 현재 동향인 가운데서 그들을 찾았다. 그들 중 대다수가 전 세계에 흩어져 있다.

· 또 다른 중요한 이점은 내가 늘 원했던 멘토이자 영적인 리더를 찾았다는 것이다. 이런 그룹에서 리더의 역할이 매우 중요하다는 사실을 강조할 필요가 있다. 리더는 우리가 토론할 목록을

선택하고, 불필요한 논쟁이나 주제 이탈을 막을 권한이 있다. 우리 그룹의 규칙이 너무 엄격하다고 생각해 떠난 사람들도 있지만, 남기로 한 사람들은 규칙을 통해 큰 혜택을 얻고 있다. 리더의 역할은 그룹을 형성하는 초기 단계에 특별히 중요하다. 모임의 분위기가 초반에 결정되기 때문이다. 멤버들이 리더를 신뢰할 수 있을 때만 멤버들 서로가 신뢰할 수 있다.

· '다락방 모임'은 내가 여러 해 동안 고민하던 영적인 많은 문제를 푸는 데 도움을 주었다. 나와 가까운 몇몇 친구는 내가 이 그룹에 참여한 이후 성격과 인격이 크게 바뀌었다고 알려 주었다. 이것만으로도 이런 모임에 참여할 가치가 있다!

· 우리는 가까워지면서 개인 교제 시간에 온갖 종류의 이야기를 나눈다. 멤버 중 몇몇 사업가들은 그룹 멤버들과 브레인스토밍을 통해 사업을 확장할 새로운 길을 찾기도 했다.

· 개인적으로 나는 하나님이 내게 맡겨 주신 사역 동역자들의 지지를 얻어, 러시아 고향 마을의 고아들을 돕게 되었다. 작년에 나의 그룹 멤버들의 사랑과 지원이 없었다면 많은 러시아 아이들이 크리스마스 선물을 받지 못했을 것이다.

· 우리 멤버 중 여럿이 상트페테르부르크 교회에 등록하고 페이블 목사님의 사역을 우리가 할 수 있는 방법으로 돕기로 결정했다. 이것은 교회를 위해 아주 중요한 이득이다!

작년 가을, 우리 그룹의 많은 멤버가 상트페테르부르크에서 처음으로 대면 모임을 가졌다. 너무도 기쁜 시간이었다! 모든 사람이 이 사역을 통해 자기 자신과 삶의 새로운 의미를 찾는 데 도움을 받았다고 했다. 모임을 하는 데 헌신과 많은 시간 투자가 필요하지만 우리가 거두는 영적이고 정서적인 열매를 생각하면 그렇게 할 가치가 있다!

영적인 마스터마인드 그룹이 당신을 반드시 물질적으로 부유하게 만들지는 않지만 확실히 영적인 삶을 풍성하게 해줄 것이고, 우리가 늘 추구하는 인정받고 사랑받는 느낌을 줄 것이다.

만나라 그러면 부자가 되리라

소프트웨어 개발자들을 위한
마스터마인드 그룹
- 캘빈 칩맨Calvin Chipman[17]

나는 혼자서 일하기를 좋아한다. 그러나 마스터마인드 그룹 원칙을 적용하지 않고는 크게 성공할 수 없다는 사실을 알게 되었다. 내가 이해하는 마스터마인드 그룹의 원칙은 두 명 이상의 사람들이 바라는 결과를 달성하기 위해 연합해 노력하는 것이다. 나는 이 원칙을 거의 모든 일에 적용한다.

소프트웨어 개발자로서 나는 마스터마인드 그룹의 원칙을 최종 상품을 만드는 과정에 적용한다. 이 원칙을 소프트웨어 상품 개발 과정에 어떻게 적용하는지 보여 주겠다.

프로젝트의 아이디어는 내 머릿속에서 시작되거나 다른 사람이 내게 아이디어를 전달하거나 한다. 두 번째 경우 마스터마인

---

17 칩맨 커스텀 소프트웨어(Chipman Custom Software)'의 사장이자 '마이이지소프트웨어(MyEasySoftware)'의 총지배인이다.

드 그룹 원칙이 작용하기 시작한다. 우리는 아이디어를 토론하면서 집단 경험에 기초해 어떻게 실행할지 더 나은 아이디어를 내놓는다.

나는 나 혼자 생각해 낸 아이디어를 프로젝트로 발전시킬 때도 그 전에 다른 사람들의 의견을 묻는다. 여러 사람의 집단적인 아이디어와 의견은 항상 처음의 아이디어를 향상시킨다.

소프트웨어를 개발하기 위해서는 때때로 재정적 자원이 요구된다. 투자자 또는 파트너를 찾고 상품 개발을 위한 그들의 제안을 추가한다. 변호사와 회계사는 벤처 사업의 모든 법적이고 재정적인 측면을 담당한다.

개발 과정 중에 나에게 낯선 부분이나 나의 지식 영역에서 벗어나는 부분이 있을 수 있다. 쉽게 배울 수 있는 것이라면 가르쳐 줄 사람을 찾아 그의 경험을 통해 배운다. 이것은 다른 개발자들과 대화를 통해서 또는 인터넷 검색이나 필요한 정보를 담을 책을 찾아서 한다. 그러나 배우기에 너무 많은 시간이 걸리는 분야라면 도움을 줄 전문가를 고용하거나 파트너를 구한다. 관련된 모든 사람과의 공동 작업이 목표한 결과를 만들어 낸다.

개발 과정이 완성되면 테스트 단계를 시작한다. 테스트 단계에서 여러 사람이 그 소프트웨어를 사용하고 피드백을 준다. 이들의 집단 피드백을 상품에 포함시켜 상품을 향상시킨다.

소프트웨어가 완성되면 마케팅 분야 전문가팀이 마케팅을 한다. 많은 사람의 전문 지식이 아주 간단한 소프트웨어를 만드는 데에도 결합된다. 그보다 복잡한 소프트웨어를 만들 때는 이보다 훨씬 더 많은 사람의 협업이 요구된다.

나는 원한다고 할지라도 한 사람이 모든 것을 다 할 수 없다는 사실을 오래전에 경험으로 배웠다. 우리는 오직 여러 사람의 경험을 활용할 때만 성장할 수 있다. 현재 사용하거나 앞으로 사용할 것을 개발할 때 우리는 인생의 길을 가면서 다른 사람들을 도울 수 있다.

오늘날 우리가 즐기는 모든 현대의 편리한 것들은 과거 발명가들과 노동자들의 협력의 결과물이다. 이 편리한 기기들을 사용하는 우리는 모두 마스터마인드 그룹의 원칙을 사용해 상황을 더욱 발전시킴으로써 현재와 미래의 다른 사람들을 도울 의무가 있음을 느낀다. 다른 사람들을 위해 이와 동일한 일을 하는 것이 감사하다고 말하는 하나의 방법이다.

지금,
마스터마인드 그룹을
시작하라

당신은 당신의 마스터마인드 그룹을 만들고 운영하는 방법을 읽었다. 또한 다른 사람들의 견해와 조언도 들었다. 이제 이렇게 하기를 제안한다.

1. 당신의 목표를 분명히 말하라. 당신은 어떤 종류의 마스터 마인드 그룹을 원하는가? 어떤 목적을 원하는가?
2. 계획을 세워라. 멤버들을 어떻게 찾을 것인가?
3. 첫 단계를 밟아라. 행동을 취하라. 첫 모임을 알려라. 사람들을 초대하라. 마스터마인드 그룹을 시작하라.

마스터마인드 그룹은 건강과 부, 사랑, 그리고 더 많은 것을 가져다줄 수 있다. 즐겨라. 그리고 당신의 모험에 대해 우리에게 알려 주길 바란다.

즐겨라!

만나라 그러면 부자가 되리라

참고 문헌

✦

Brecher, Natalie. Profit from the Power of Many: How to Use Mastermind Teams to Create Success. Altamonte Springs, FL: Cheetah Express, 2004.

Canfield, Jack. The Success Principles. New York: Harper-Collins, 2005.

Franklin, Benjamin. The Autobiography of Benjamin Franklin. New York: Touchstone, 2003.

Hansen, Mark Victor, and Robert G. Allen. Cracking the Millionaire Code: Your Key to Enlightened Wealth. New York: Harmony Books, 2005.

Hansen, Mark Victor and Robert G. Allen. The One Minute Millionaire: The Enlightened Way to Wealth. New York:Harmony Books, 2002.

Hibbler, Bill, and Dr. Joe Vitale. The Ultimate Guide to Creating Moneymaking Ebooks. Wimberley, TX: Gigtime Media, 2004.

Hill, Napoleon. The Law of Success. Meriden, CT: Ralston University Press, 1928.

Hill, Napoleon. Think and Grow Rich. New York: Ballantine Books (reissue), 1987.

Menand, Louis. The Metaphysical Club: A Story of Ideas in America. New York: Farrar, Straus and Giroux, 2001.

Sher, Barbara, and Annie Gotlieb. Teamworks: Building Support Groups That Guarantee Success. New York: Warner Books, 1989.

Surowiecki, James. The Wisdom of Crowds. New York: Double-day, 2005.

Vitale, Joe. The Attractor Factor: 5 Easy Steps for Creating Wealth (or Anything Else) from the Inside Out. Hoboken, NJ:John Wiley & Sons, 2005.

Vitale, Joe. There's a Customer Born Every Minute. Hoboken, NJ: John Wiley & Sons, 2006.

RE·ISSUE SERIES | 03

만나라
그러면 부자가 되리라

1판 1쇄 펴낸날 2024년 2월 7일

지은이 조 비테일, 빌 히블러
옮긴이 박선주

펴낸이 나성원
펴낸곳 나비의활주로

책임편집 김정웅
디자인 BIG WAVE

주소 서울시 성북구 아리랑로19길 86
전화 070-7643-7272
팩스 02-6499-0595
전자우편 butterflyrun@naver.com
출판등록 제2010-000138호
상표등록 제40-1362154호
ISBN 979-11-93110-23-2 03320